神經可塑性
Rewire

Break the Cycle, Alter Your Thoughts
and Create Lasting Change

用神經科學突破行為模式迴圈,
終結焦慮、恐慌和憂鬱,實現最佳的心理健康

NICOLE VIGNOLA

妮可·維諾拉 著　**梁永安** 譯

目 錄
Contents

導言 7

階段
1

擺脫負面情緒
Ditch the Negative

- 打破循環 28
- 負面偏見 73
- 你的思想的力量 91
- 悄悄展開的常態 105
- 確認偏誤：你相信什麼就會看見什麼 114
- 結束、失去和悲傷 125
- 神經工具包：如何擺脫負面情緒 146

階段
2 改變你的敘事
Shift Your Narrative

重組你的潛意識 ……………………………………… 162

1. 擱下你的手機 …………………………………… 164

2. 視覺化想像與注意力 …………………………… 168

3. 重複 ……………………………………………… 176

4. 騰出空間 ………………………………………… 179

5. 突破界限 ………………………………………… 183

6. 制定策略和為遇到挫折做好準備 ……………… 186

7. 跨越恐懼與征服自我破壞 ……………………… 194

階段
3
增強積極性
Boost the Positive

- 運用神經科學提升心靈韌性 ……………………………………… 203
- 成長型心態背後的神經科學 ……………………………………… 215
- 你的肌肉直接與你的大腦溝通 …………………………………… 225
- 睡眠是你的頭號最優化工具 ……………………………………… 241
- 多巴胺──你的快樂是在當下 …………………………………… 253
- 建立自我信賴和信心 ……………………………………………… 268

尾聲 ……………………………………………………………………… 281
注釋 ……………………………………………………………………… 286
參考書目 ………………………………………………………………… 289
圖片來源 ………………………………………………………………… 296
鳴謝 ……………………………………………………………………… 297

導言

Introduction
你的大腦和它的被編程方式非常重要

我第一次雙手捧著一顆人腦，是在念神經科學系大一的時候。我永遠忘不了教授交代我們，一定要不斷轉動人腦，才不會在上面留下指印。它讓我目眩神迷。

當我的拇指按在人腦的顳葉時，我心想我是觸及了腦主人的一個又一個記憶。他的灰質其實是他的整個人生。

我心潮起伏，想到：

他生前快樂嗎？

我指尖碰到的正好是他墜入愛河的一刻嗎？

他有墜入愛河過嗎？

他有孩子嗎？

我有碰觸到他結婚那天嗎？我有碰觸到他一生中最悲傷的時刻嗎：那一天，一件事件永遠改變了他的人生？

他是什麼時候決定將自己的遺體捐獻給科學？也許他也是一位科學家。當他雙手第一次捧著一顆人腦時，他也是和我一樣的感覺嗎？

　　我的食指和中指撫摸著他的額葉皮質（frontal cortex），想知道他生前是否過著美好的生活，又或是煩惱多多。他一生的事件就發生在我的面前，讓我可以把他從生到死的歷程一一觸摸。我的心想要爆炸。

　　從我記事起，我就一直想知道，我們的生活、思想、信仰、習慣和行為，是我們偶然得之還是蓄意為之？我們的習慣和行為是由我們自己決定和選擇的嗎，還是說它們是我們透過環境無意中獲得？直到我取得神經科學學位之後，我才意識到答案是兩種成分兼有。我們受到周遭世界的塑造，被我們的同儕、環境、宗教或文化等外在事物所影響，而在大多數情況下，我們應該珍惜這些影響。但我們也受到我們對自己反覆灌輸的負面思考模式和負面敘事所左右，它們對我們想要達成的目標構成障礙。我們都相信，在人生的某個時刻，我們做得不夠好。我們只恨不能重新來過，對此不能釋懷，從而阻礙了我們充分發揮自己的潛力。這些信念、習慣和行為有些是偶然獲得的，有些是出自我們自己的安排。但人類心靈的美妙之處在於，無論這些信念是如何形成，它們都是有可能改變的。我們是可以透過自己的安排來改變我們既有的程式設計。本書要從神經科學的角度解釋我們的大腦為什麼可以改變，並為各位提供可以應用於日常生活的神經工具包。我們所有人都有權期望的是，無論我們本來是怎樣以為，我們都是可以隨時重新塑造自己，成為任何我們想成為的人。

　　我常聽到一句話：我天生就是這樣的。忘了它吧，因為透過把大腦中的神經元重新連接，我們是可以塑造我們的思想、習慣

和行為，從而重塑我們對自己的潛意識信念。我們對自己訴說的自我故事強烈影響著我們如何看待自己。這會驅動我們的自動反應（automatic reaction）和行為，進而改變別人對我們的看法。

> 我們的生活經驗將等於我們所關注的一切，
> 無論那是我們選擇關注還是預設的。
> ——威廉·詹姆斯（William James）

在神經解剖學實驗室聽過第一次講座的幾星期後，我們又回去上解剖課。我記得我很累，很難集中注意力。當時，我的iPhone也是快沒電了，催我轉換為「低電量模式」。這讓我再次靈光一閃，有所頓悟。大腦是你的硬體，而大腦中的記憶、思想、習慣和行為則是軟體。你的心理健康和個性是軟體，而你的大腦健康是硬體。兩者都需要以最優化方式運作，以相互支持。啊哈，這就是我難以集中注意力的原因！我累了，因此我的大腦硬體無法以最優化狀態運作，要集中注意力和記住資訊變得非常困難。我基本上是以「低電量模式」在運行。我的大腦優先關注的是保持最基本的功能運作正常，因此不理會軟體更新的需要。這讓我意識到，一個人若想要升級軟體、建立新連結並記住資訊，他的硬體也是需要運作良好。這也是我在搬到一座新城市之後難於應付大學學業壓力的原因。我被壓得透不過氣。我沒有照顧到我的健康和福祉的那些基本方面，但它們卻會直接關係到我大腦的健康。我意識到，為了正面影響我的思維模式、行為和行動，並記

住課堂上聽到的訊息，我必須照顧好我的大腦，好支持我的心理健康並建立新的連結。

每個神經元建立的這些連結（肉眼看不見）決定了你將如何度過一天，而且它們是按照你的生活方式進行編程的。它們也是由我們的同儕和前人預先編程的。這讓我意識到，如果我們不掌控我們生活的方向盤，我們本質上就是過著別人為我們編程的生活。這對有些人來說可能是好事，但對另一些人來說可能是壞事。好消息是，我們是可以升級我們的軟體的。這表示我們可以設計新的習慣並消除不良行為，從而達到最佳的心理健康狀態並創造出最好的自己，也就是創造出我們最想要成為的自己。

我們是可以透過充足的睡眠和固定的運動來確保我們的硬體處於良好的運作狀態，稍後我將更詳細地討論這一點。但就目前，我希望讓你知道你的大腦是可鍛的和可改變的。知道了這個想必讓你大大鬆一口氣。

你大概會好奇大腦是怎麼能夠改變的。大腦被稱為是可塑的（plastic）——「可塑的」源自希臘文的plastikos，而後者意指能夠塑形的。即使我們上了年紀，我們的大腦一樣也可以改變和重組自己，創造出新的路徑。儘管人們普遍認為整容手術（plastic surgery）就是讓人可以被塑造成芭比娃娃的模樣，但這也是我們稱之為「整容手術」的原因。這是一大福音，因為它表示我們的硬體是可以改善的，表示我們是可以擺脫我們極力想要擺脫的習慣和行為。我遇過很多覺得自己被生活困住了的人，他們做著他們討厭的工作但又認為不得不爾，因為他們相信這是他們的命運，而

且他們只有技能去做那一件事。也許他們接受過工程師訓練，在成長過程中被告知他們具有「分析」頭腦，但他們希望自己能從事更具創造性的事情──只不過他們認為他們不是這樣的人。他們不知道有「神經可塑性」（neuroplasticity）這回事，所以甚至不嘗試去改變。

你可曾認為自己不夠聰明所以無法做某些事情？你有沒有給自己重複灌輸負面的念頭？你有沒有相信自己不夠好？那些過度批判的負面自言自語的循環會滲透到你的信念中並阻礙你。你甚至不嘗試去改變。因此，儘管你有強烈的學習欲望，卻從不申請大學。你擔心申請會失敗。

你是否認為，你之所以常常與伴侶爭辯，是因為你為人「好爭辯」？你是否覺得，你之所以無論去到哪裡都會製造事端，是因為你父母就是這樣的人，所以你也注定如此？有些人甚至相信，有著侵入性意念（intrusive thought）是他們本性的一部分，消極悲觀態度是扎根於他們的人格個性中。會不會，即便你剛剛才經歷了值得高興快樂的事情，卻仍然會自動地以批評和負面的方式回應？

這些自動的想法被一遍又一遍地重複，在我們大腦的溝通路徑中得到加強，從而塑造了你的思維方式。但我在這裡要告訴各位，我們是可以創造新的路徑和改變這些信念的。本書準備你展示這是如何做到。

夏奇拉（Shakira）小時候被老師禁止參加合唱團，理由是她的顫音「聽起來像山羊」。12、3歲的時候，碧昂絲（Beyonce）加入了

稱為「天命真女」（Girl's Tyme）的女團，參加90年代美國最大電視選秀節目《明星搜尋》（*Star Search*）的角逐，但選輸了。現在，碧昂絲無人不知、無人不曉。我想甚至連我90歲的葡萄牙人鄰居都知道她是誰。吉賽兒・邦臣（Gisele Bündchen）在14歲時就被告知，她的鼻子太大而眼睛太小，因此她在試鏡時經常落選。她記得有人告訴她，她永遠不可能登上雜誌封面，她由此有了不安全感。現在，吉賽兒是世界上收入最高的模特兒之一，職業生涯無比成功。

　　如果這些女性中的任何一個人聽取了那些試圖阻止她們充分發揮潛力的人的意見，我們就不會擁有音樂和時尚產業一些最棒的人才。我想要讓你一樣能夠充分發揮潛力。我想要讓你對現在的自己不是那麼的理所當然。我想要讓你撕掉別人給你貼的標籤。我希望你有自己的故事要講，而且這個故事是你自己所寫，不是出於那些自以為了解你的人。

　　我將為你提供科學知識和理解，讓你的人生出現持久的改變。《Rewire－神經可塑性》是一個神經科學工具包，提供可操作性的建議，你可以在生活中應用以改善人生。

　　我為自己訂立了一個人生使命：將神經科學帶離實驗室和學術期刊，讓它成為每個人都能受用。每個人有必要認識它，因為它確實可以讓人脫胎換骨。跟我一起踏上旅程吧，去學習如何控制自己對生活中遇到的任何事情的應對（這些事情從調節壓力反應到克服畫地自限的信念不等）。你是可以成為任何你想成為的人。

　　　　　　　勇於創造你自己吧。

神經可塑性如何發揮作用

神經可塑性是大腦因應塑造它的內部和外部因素而做出改變和適應的能力。神經元的連結、功能和結構會自我重組，以回應重複的輸入（input）。神經元負責在我們的大腦中傳達訊息，而一個訊息的重複次數愈多，傳達的路徑就會變得愈強，猶如從羊腸小徑變成土路再變成柏油大道那樣。對此，神經科學家有一個有趣的說法：一起放電的神經元會彼此連結（neurons that fire together, wire together）。所以，當我們反覆有我不夠好的想法時，大腦會維持它，強化它，使之根深蒂固。你會在不自覺的情況下覆述這個敘述（narrative），讓它儼然是你生活的背景音樂。當某些行動、反應或行為變得根深蒂固，會近乎發自本能地執行而不需意識和深思的決策過程介入時，我們稱之為自動性（automaticity）。當我們老是重複做某件事，使其變成一種自動反應而無須付出多少認知努力或自覺時，就會發生這種情況。

有很長一段時間，神經科學家認為大腦在我們達到某個年齡後就無法發生變化，但最近我們明白到大腦在成年後一樣可以改變。在較大年紀要做到這個是比較困難，但並非不可能，需要的只是更多一點的努力。事實上，肉眼看不見的大腦分子結構表明，大腦是為了改變而設計的——我們有理由主張，這是我們的神經生物學構造最重要的方面之一。它使我們能夠學習新事物，甩掉不想要的行為，並意謂著我們可以根據環境和新經驗進行調整。大腦實際上會自我重組，以創建新的突觸（synapse），形成新的連

結。突觸是一個微小的間隙，供神經元相互溝通。在突觸處，一個神經元會傳送訊息給另一個神經元。這是使用稱為「神經傳導物質」（neurotransmitter）的化學物質進行資訊交換的地方。大腦可以利用神經可塑性來形成新的突觸和調整既有的突觸來重組自己。

甚至有新的研究顯示[1]，神經可塑性有可能可以預防痴呆症。它確保我們在身體和精神上都保持對生活的投入，能夠繼續學習新事物，而這意謂著我們的大腦將適應環境，並保持結構完整性。研究顯示，在整個老年期間保持身體活躍的老年人的大腦含有更多的蛋白質，因此可以讓神經元之間的連結牢固和健康。[2]隨之而來的好處是可以執行較高的認知功能和得到較少的神經退化性疾病。大腦是一部非凡的機器，我們可以對其進行編程並不斷升級，由此過著自主和主控的充實生活。許多人沒有意識到自己所擁有的潛力和他們的大腦的力量……你的人生是由你掌控。你可以在任何年齡做出改變。我不想在80歲時後悔虛度人生，或是繼續被內在的聲音批評。我不想在80歲時後悔我的人生道路不是由我為自己規畫，而是由讓我耿耿於懷的事情支配。我想在80歲的時候高呼：「耶，我做到了！這就是我要的人生，我為此感到自豪。這人生是我所選擇，不是被動接受。」

想一下這個。我們生而擁有一套獨特的DNA，它就像指紋一樣是你所獨有。另外，你也擁有一套與其他人不同的大腦連結。不過，你的獨特身分和特徵可能會被你的大腦編程所掩蓋，而這編程又是來自你的同儕和你的成長環境。讓我們來挖掘這些特徵。

▍大腦如何改變

位於你頭骨中的那個3磅重宇宙由一千億個神經元組成，它們形成的連結有數萬億個，共同創造出你的內部世界──這內部世界受到外部世界的影響，但永遠不會被其他人體驗得到。當我們想到將我們的內在思想與環境和其他人分開的唯一東西就是一片四分之一吋厚的骨頭時，難免會覺得虛幻不實。

大腦中的神經元在稱為突觸的特殊點上相互溝通。當神經元反覆相互溝通，它們的交流就會變得更好，它們之間的訊號也會變得更強。這就是為什麼你會發現自己沿著一條非常熟悉的思路走下去；這幾乎是自動發生的。當我們常常重複某些思想或行為，這些神經元之間的訊息會更容易傳遞，以致在你自覺得到之前便已經形成了似乎無法動搖的信念。不過，可塑性是雙向的。隨著時間的推移，我們可以學習和加強路徑，但也可以削弱它

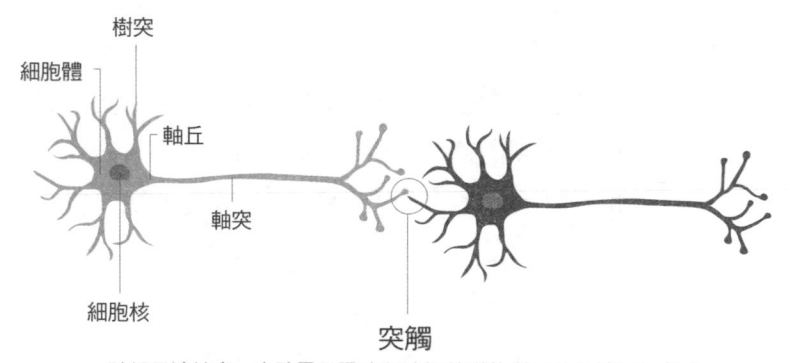

突觸

神經元連接處，它讓電子訊號和神經傳導物質可以在神經元之間或肌肉之間傳遞。當神經元間的溝通增加時，突觸就會得到強化。

們。你努力去打破的所有行為和模式絕對是可以被打破的。在本書中，特別是在「階段1」，你將學到這是如何做到的。

神經多樣性小識

神經表現特異社群（neurodivergent community）*在我的社群媒體最常提出的其中一個問題是，自閉症患者、強迫症患者或過動症患者是否具有神經可塑性。必須知道的是，每個人（無論是神經表現特異的還是神經表現典型的）都是完全不同的，但我們全都有能力改變。我還想突出神經表現特異的人在一個期望他們改變的世界中遇到的挑戰。我的目的是讓人們注意到這樣一個事實：神經表現特異的人能夠養成新的習慣，並以讓他們受惠的方式採取較健康的思維模式。這應該是任何想要改變的神經表現特異的人的目標，而不是為了適應神經表現典型的世界。雖然神經表現特異的人的大腦可能在結構和功能上表現出差異，但他們仍然有能力適應和創建新的路徑。如果你是神經表現特異的人，我想讓你知道這本書也適合你。在寫這本書的過程中，我有考慮到你的需要。

想要了解更多請參閱第286頁。

* 譯注：指患有自閉症、強迫症或過動症的人。

▎人格發展的關鍵時期

　　兒時，我們會經歷「發展的可塑性」（developmental plasticity），換言之，我們的大腦會因為與環境交互作用而自我塑造。在童年時期，我們經歷了最關鍵的發展階段，期間，生活的細微差異會烙印成為我們的大腦圖譜（brain map）。大腦的不同區域收藏著關於我們、周遭的人和世界等不同的資訊。大腦圖譜的發展必須輸入訊息，例如愛、感情和更細緻的知識，例如你的文化和宗教、你的家人的行為方式以及你去過的地方。基本上，無論你小時候經歷過什麼，你所看到的和與之互動的事物，都會塑造你的大腦，而且沒有一個大腦是相同的。你是獨一無二的，你的大腦是由你的周圍環境建構起來的。

　　小孩子吸收起訊息來就像海綿，無須投以注意即能做到。這是因為，在這個關鍵時期，孩子的大腦中充滿了一種稱為「腦源性神經營養因子」（brain-derived neurotrophic factor, BDNF）的分子。這種分子對於幫助創建新突觸和維持既有突觸的存在非常重要，而突觸在重組我們大腦一事上至關重要。我們將會學到，我們做為成年人要如何獲取它，以及它對我們漸老的大腦意謂著什麼。成人可塑性所失去的一個關鍵特徵是，孩子的大腦會吸收一切，無須我們主動告訴它什麼重要什麼不重要。這就是為什麼孩子可以輕鬆學會一種語言，而成年後的你卻需要付出自覺得多的努力。如果你在孩子學習語言的關鍵時期每天在他的生活背景處播放法語錄音帶，他大有可能會學會說法語──即便不是非常流利

或說聽寫皆能。但如果你在成年後才來學一種外語，你將無法這麼容易學會，除非你刻意去記住每個單字。[3]因此，你的童年經歷很重要，會強烈影響你的大腦，因為當時你的大腦一直處於易受暗示的狀態。因此，這些經驗幫助我們制定了一套關於我們應該如何生活的規則。

必須明白的是，有些事情是可以改變的，有些事情需要付出很大的努力才能改變，而有些事情則不能改變。例如，你不可能在關鍵時期沒有發展出視力而待日後再發展，這是因為大腦在使用可用空間上總是非常有效率。因此，如果大腦的視覺區未被視覺使用，它並不會空出來太久，而是很快便會被其他功能占用。

我從我的IG粉絲得知，
他們受到以下這些習慣和行為的掣肘。

習慣	行為
睡眠衛生	專注於負面事情
使用社群媒體	過度思考
睡懶覺	負面地自言自語
拖延	不安全感
飲食習慣	希望取悅他人
懶惰	缺乏目標
壓力大時使用藥物	不表示意見
完美主義	認為自己不夠好
不練習吉他或其他技能	賣力爭取被愛
工作時自我打擾	說服自己相信別人不關心我

這就是為什麼盲人的其他感官比有視力的人更敏銳，而且他們對點字有更高的觸覺辨別能力。這是因為他們需要更多使用其他感官，讓那些大腦圖譜變得更加發達。你是可以培養觸覺辨別力來學習閱讀點字，但你需要付出努力。視覺的養成是過了關鍵時期之後便無法改變的事情的一個極端例子，但大腦的大部分是可塑的。我們的習慣、行為、對世界的了解、智力、分析能力、創造力和其他東西（例如學習跳舞或彈吉他），都是我們可以改變的。

這些習慣或行為有多少是你想要改變的？幸運的是，這些特徵都不是你與生俱來的，不是你核心人格個性的一部分。它們全都是可塑的，是可以改變的。你不需要一直負面地自言自語，也不需要懶惰和過度思考你的完美主義。我向你保證，讀完本書後，你將知道如何解構生活中的許多方面，並且能夠將這些知識應用於任何情景，從而實現持久的改變。

我們並非生而缺乏自尊
和沉湎於反芻思想。

在成長的過程中，我們學會賦予事物意義。當你5、6歲的時候，你可能會覺得你母親的結婚金戒指閃閃發亮、漂亮和有些值錢，但只有到了你13歲，當戒指被堅決地、永久地從她的左手上拔下時，你才會明白它象徵著什麼。我們通常透過身體語言在不言而喻的層面上學會這些微妙而基本的行為。它們可能非常微妙，很難描述。你是否遇到過與你認識的人有相同舉止的人？

他們讓你想起你認識的人，但你不太明白為什麼。這可能是因為他們說話時的手勢，也可能是說話時嘴唇微翹的樣子。你不完全確定是什麼，但就是有些地方讓你聯想起另一個人。

委內瑞拉的葉庫阿納（Ye'kuana）部落對此提供了證據。那裡的媽媽在小孩出生後幾個月裡不斷地抱著小孩，以便嬰兒能夠從她們學習。[4]當媽媽伸手去拿爐子上的鍋子時，她會扭轉身體，讓嬰兒遠離熱源。這樣，孩子不需要被告知爐子很熱，就知道爐子很熱。他們在大一點之後絕不會靠近爐子。因為這種理解已經被編碼到他們的大腦。行為也是如此。想想你父母對特定情境的反應。你媽媽可能缺乏安全感和討厭自己的身體，於是你獲得了觀察性知識（observational knowledge）*，曉得了一個人應該如何看待外表，並且繼續抱持這樣的信念。

我記得我父母在面對輕微的緊張情況、不得不去處理衝突的時候，總是會失去冷靜……因此，我從小到大每次生氣都會哭，情況要到我了解到神經可塑性原理可以改變這一點才有所改觀。

觀察性知識是很棒的東西，因為光憑看見父母如何與周圍的事物互動，我們就知道什麼會燙人。但觀察性知識也是我們兒時養成不健康行為模式的原因。看到同儕如何與世界互動，我們便模仿他們，從而形成了我們自己的生活方式。父母告訴我們什麼是對的、什麼是錯的，我們就跟著做，因為我們不知道有什麼不同。

---

* 譯注：指觀察別人行為而來的知識。

一想到身為成年人，我們竟有能力塑造出

小孩子長大後成為的樣子，

真是讓人感覺不可思議。大多數時候，

我們甚至意識不到我們正在這樣做。

除了會被一個因為沒有安全感而抱怨自己外表的母親影響，一些隨口而出的評論或話語也可能深印我們腦海，左右我們一生。你不是常遇到因為老師說他們做不到而放棄追求某些目標的人嗎？父母給子女貼的標籤也有類似效果，例如說「他們是運動型的」、「她不擅長數學」或「她是搞創作的料，不適合從商。」有時，父母對我們的行為或外表的評論是沒有惡意的，但一樣會塑造我們的信念：女性會成為家庭主婦往往是因為父母告訴她們，她們不擅長讀書而應該當個煮飯婆；男性會因為父母說他們不應該流露情緒而不苟言笑；男性也會因為父母不鼓勵他們搞創作而去從事體力勞動的工作。這種潛意識的編程會在根深蒂固的信念的驅動下，向下深入，引發一大堆的問題。我們並非生而缺乏自尊和沉湎於反芻思想（ruminating thought）。你是否遇過不會說「媽媽，看著我！」的小孩？

反芻思想是一種重複、侵入性和長時間的思考模式，它沉迷於咀嚼相同的痛苦、負面思想或記憶。被咀嚼的往往是過去的事件、對未來的擔憂或自我批評，它們可能有害於一個人的精神和情緒健康。這是因為它們會加劇壓力，阻礙我們解決問題的能力，擾亂睡眠並影響我們的身體健康。它們還會導致社交退縮，

從而進一步加劇負面情緒。

▎心理捷思法

　　雖然成年後要改變行為模式會比較困難，但並非不可能，需要的只是多一點的專注和毅力。長大後，我們會採用心理捷思法（mental heuristics）或說心理捷徑（mental shortcuts）來做事情。例如，你很可能不會注意你是以什麼方式刷牙、以什麼方式煮咖啡，甚至不會注意你是用哪一隻手開門或開關電燈。但如果有人要求你開始以不同的方式做事，很可能第二天你就會恢復到自動行為（automatic behaviour）*。假設你習慣用右手刷牙，那麼你會很難改用左手，而且很可能會很快忘記別人要求你改變習慣。這是因為你的大腦是被設計成專走捷徑，會使用它最熟悉的路徑，以便把精力騰出來供更費腦力的工作使用。你的大腦不準備提醒你用左手刷牙的話會多費精力——這就是為什麼要改掉一個習慣會那麼難。我們的大多數行為和做事方式都是自動的，由我們的潛意識心靈管轄，若想違背原有習慣和創造新的路徑將需要大量精力。這就是為什麼你多次要求你的室友做飯時把廚房門關上都不起作用的原因。他們不是壞人，八成也不想惹你不高興。他們只是按照他們頭腦中的捷徑行事，這些捷徑完全控制了他們，讓他們沒意識到應該為你關上廚房門，甚至忘記你曾經要求他們這樣做。

＊ 譯注：指習慣了的、不用思考的行為方式。

　　吉恩‧麥吉（Gene McGehee）是患有失智症的老人。他的一段影片在TikTok上瘋傳，讓整個社群媒體世界為之垂淚。影片指出，吉恩的記憶力只能維持15分鐘，但他每天都會在特定的時間拿著椅子走出家門。他從不真正明白自己為什麼會這樣做。影片隨後顯示一輛校車在他家對面的公車站停下，上面下來了一群孩子。孩子下車後跑過馬路，紛紛向他打招呼，滿懷愛意和敬意。為此，吉恩每天這個時候都會笑容燦爛。他看見這些孩子已經3年，但卻總是以為自己是第一次見到他們。他每天重複同樣的模式，從來不知道為什麼他覺得有必要出去。但他內心深處有某些東西告訴他，外面有喜樂在等著他。他的潛意識心靈烙印著根深蒂固的行為模式，驅使他每天走出屋外。這表明，我們並不總是自覺地知道我們在日常生活中做的每件事的用意。

　　身為成年人，如果我們想學習新東西，我們必須確認什麼對我們來說是重要的。我們需要撫心自問，我們到底想要改變什麼和想要學習什麼。我們大腦中有一個「網狀活化系統」（reticular activating system, RAS），它會過濾它的感測器（眼睛、耳朵、觸覺、味覺、嗅覺）傳來的所有資訊。例如，如果你是和朋友在咖啡館裡，你除了會注意他們所說的話，還會看著他們。但是，在你沒有意識到的情況下，背景中的噪音和你周邊視覺（peripheral vision）中的影像仍然會透過你的耳朵和眼睛與你的大腦進行交流。但你的大腦不會去關注這些事情，因為它們會不斷地被過濾掉，不會進入你的意識層面。在任何時刻都有數以十億計的訊息進入你的眼睛，而你的大腦只允許與該時刻相關的訊息存在於你的意

識中。你的大腦在你沒有意識到的情況下賣力工作。周遭環境愈繁忙，過濾的密度就愈大。

如果想要，你是可以轉移注意力，去聽鄰桌人說話的聲音。這時，注意力會轉移到聽覺皮質（大腦中處理聲音的部分）的特殊結構上，以接收來自你面前朋友之外地方的聲音頻率。你也可以把注意力移得更遠，例如移至咖啡店外的狗吠聲。如果你想擴大視野，那麼你除了看著朋友之外也注意到背景中有影像，例如是另一張桌子或一棵植物。你的周邊也有影像，但你的大腦會過濾掉所有邊緣上的聲音和影像，好讓你的注意力可以集中在你的朋友上。

成人的可塑性以類似的方式發揮作用。我們已經談過為什麼你不能像小孩那樣，靠著在背景處播放的法語錄音帶而學會法語。要學會法語，你必須注意單字，透過重複背誦來學會它們。同樣，如果你想改變一個習慣或甩掉一個行為模式，你必須定期注意舊習慣和重複新習慣，直到新習慣變得像刷牙一樣自動。平均而言，形成新習慣需要18至254天不等，多寡因人而異。[5]平均而言，一種行為要成為自動行為需時約66天。這個時間要求可能會讓人洩氣，但我想強調的是，改變習慣是需要時間的，所以如果你試圖改變行為模式卻一星期後就放棄了，乃是因為你的大腦要恢復到自動的心理捷徑。

有一個朋友曾經向我坦承，我這個人愛抱怨，所以他和他的女朋友從來不想找我出去玩。哎呀！這有點令人震驚。但是，顯然的是，這正是我需要聽到的。我愛抱怨的習慣是那麼的根深蒂

固，以致我幾乎自覺不到。它成了一種自動的生活方式：當我在房子裡走來走去時，會自然而然地不斷地抱怨，不斷發出氣喘吁吁的聲音。但一旦知道自己愛抱怨之後，我開始注意自己的每一次抱怨，而這意謂著我向改變自己邁出了步伐。有時人們會想要一蹴即就，但承認自己有壞習慣是第一步。不種下種子就無法培植植物，而種下種子就是承認你有一個需要改掉的毛病。

本書將透過三階段幫助你打破循環、改變思想和創造持久的改變。在「階段1」（稱為「擺脫負面情緒」），我們將探討如何甩掉任何對你構成掣肘的事情。它將幫助你了解，壓力（無論好壓力還是壞壓力）是如何調節你的中樞神經系統。這正是我們人腦運作的精要所在，懂了它，你就可以為進行改變奠定基礎。你將了解到我們的大腦為什麼喜歡專注於負面事情，以及如何改變這種狀況。在「階段2」（稱為「改變你的敘事」），你將要真正投入努力去改變你的大腦硬體，透過7個步驟重組你的潛意識。你將學習到如何改善你的敘事。在「階段3」（稱為「增強積極性」），你將學會如何支援你的硬體，以獲得持久的改變。這個最後階段將幫助你了解如何達到幸福的最高水平，並日復一日地保持住這水平。

我將與你一起踏上這段旅程，而透過使用以證據為基礎的科學和現實生活中的例子，我不僅會說明大腦如何能夠改變，還會讓你看見這實際上對你意謂著什麼。本書是一個互動式工具包，其結構讓你可以從每章的第一部分中獲取所需的資訊，並為任何想要深入研究的人提供科學的後續內容。

「你是你從事過的最精彩專案。」

——佚名

擺脫負面情緒
Ditch the Negative

思索是學習。思索增加我們的認識。
讓我們來思索，但只思索一陣子。

- 打破循環
- 負面偏見
- 你的思想的力量
- 悄悄展開的常態
- 確認偏誤：你相信什麼就會看見什麼
- 結束、失去和悲傷
- 神經工具包：如何擺脫負面情緒

打破循環

Break the Cycle

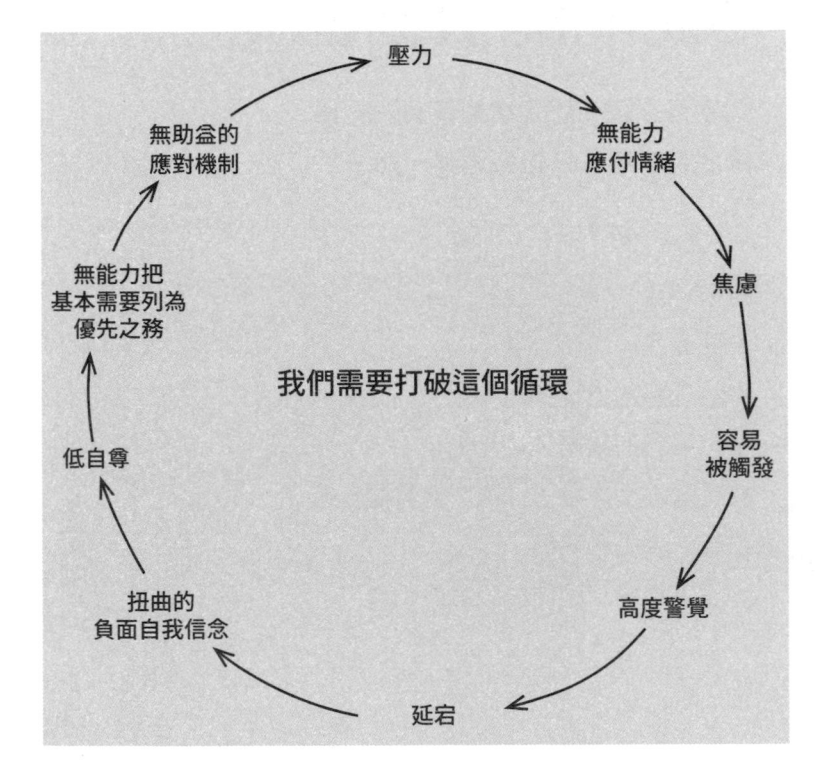

當我們形成了壞習慣，有時看似非常難於改變。即使我們知道自己完全不對，也很難相信自己可以改弦更張。這是幾個影響因素導致，其中包括你在任何特定時間的神經生物學狀態，它會驅動你的心緒、不請自來的情緒、壓力水平和擔憂的想法。

▎壓力

讓我們先來對付壓力，因為如果我們面臨的壓力是真壓力的話，它往往是讓我們陷入困境的罪魁禍首。壓力可能會讓人深感困惑，而這是理所當然的，但我會為你破解它。

壓力這個詞通常具有負面意義，會讓人聯想到緊張、焦慮和不安適的感覺。然而，並非所有壓力都會有損我們的福祉。在許多情況下，壓力是必要的，而透過了解壓力的不同作用，我們會開始了解如何應對它並更好地管理它。這很重要，因為有時我們會將壓力不大的處境說成壓力天大，乃至弄假成真。

有大量研究文獻顯示，我們對壓力的感知，還有改變我們對我們的壓力反應（stress response）的思考方式，可以改善我們對壓力事件（stressful event）的生理反應和情緒反應。[6] 例如，一項研究的參與者被事先告知，他們對壓力的生理反應是功能性和適應性的。[7] 結果，在測試過程中，與對照組相比，他們執行壓力任務時的心率和血壓較低。這表明，把壓力感知為好事可以改變身體對壓力的反應。採取這種心態，我們可以得出對壓力更加合乎邏輯和實際的看法。這將使你能夠恰如其分地評估自己面臨的壓力水平。

　　我將壓力分為三類：警覺性（altertness）、急性（acute）和適應不良性（maladaptive）。

▌警覺性壓力

　　與多數人以為的不同，壓力乃是提高人的工作表現和專注力所必須。在許多情況下，你需要一定程度的警覺性才能在工作、運動和進行日常活動（例如遛狗和做家務）時表現出色。壓力促使腎上腺素和皮質醇（cortisol）等激素的釋放，以及正腎上腺素（norepinephrine）等神經化學物質的釋放，為我們應對手頭上的任務做好準備。這些化學物質有助於提高警覺性，甚至縮短反應時間。適度的壓力常常可以帶來最佳的表現，因為它會激勵我們在時限前完成任務、迎難而上和實現我們的目標。

　　我相信我們常常使用「壓力」一詞來形容只是有點不舒服的感受。我認為這是一個重要的區別，因為「我有壓力」這一籠統的說法削弱了我們對自己感受的控制。當我們正確評估自己的處境，並認識到我們所處的位置需要我們為即將從事的活動做好準備時，我們就可以開始更好地管理我們的壓力。

▌急性壓力

　　急性壓力具有適應作用。它被設計為一種短期的能量爆發，有助於解決和應對問題。它具有適應作用是因為身體在經歷壓力事件後，會做出相應的調整，讓你擺脫困境，從而促進個人成長和心靈韌性。例如，第一次準備考試時，你會感到壓力很大。這

種壓力反應會促使你提高注意力、警覺性和積極性，從而有效地學習。暫時的壓力激增會幫助你更有效地管理時間、把重要的事情放在前頭並實施有效的學習策略。這將教會你處理壓力的應對機制和時間管理技能，並提高你面對壓力的韌性，從而為你未來的課業挑戰做好準備。這就是為什麼我的碩士課程作業的繳交日期不再讓我抓狂，不像在讀學士課程時那樣，每次有作業要交，我都會近乎崩潰。在念碩士課程之後，我不再將交作業日期視為迫在眉睫的災難，而是視之為一個以更有條理方式把工作做好的機會。

壓力在促進個人成長和在充滿挑戰的情況下取得成功方面，發揮著適應作用和積極的作用。如果管理得當，急性壓力有助於提高生產力和有效決策。

生活充滿挑戰，想適應這些挑戰往往需要一定程度的壓力。克服障礙可以增強精神和情緒力量，培養成就感和自我效能感。適應性壓力鼓勵個人發展應對機制、解決問題的技能和應付未來困難的更大能力。它是一股轉化的力量，會把人塑造得更有韌性和更能幹。

適應不良性壓力

警覺性和適應性壓力有時是有益的，反觀當適應不良性壓力在變得壓倒性和有害時，卻代表了壓力的陰暗面。當加諸我們的要求超出我們的有效應對能力時，這一類壓力就會產生。適應不良性壓力會發生在你精神、身體和情感上都疲憊不堪、無法滿足

其要求的時候。它開始損害我們的福祉，並可能導致一系列身心健康問題，包括焦慮症、憂鬱症和心血管問題。當急性壓力沒有消失而變成慢性壓力時，或者當需求太多而減壓不足時，通常會發生這種情況。

處理適應不良性的慢性壓力可能會將我們逼向極限。當這種情況發生時，我們的大腦和身體就會切換到「安全模式」的生活方式或「低電量模式」。在這種生活方式中，你會把基本功能放在最優先。就像手機電池電量不足時一樣，「低電量模式」可以把電力留給最基本的功能，減低電池電量的消耗。當你處於這種生活方式時，你的大腦會重新啟用你本來極力避免的捷徑，也就是回到你力圖擺脫的舊習慣。因為決策能力受到損害，你的大腦會選擇較常走的路。如果精疲力竭時你可以在公路上開車，則何必還要沿著土路跑呢？當我們這樣生活時，大腦無法把改變習慣與行為列為優先事項。你的大腦硬體正在艱辛運作，無法進行任何的軟體更新而不會當機。

受慢性壓力影響的大腦關鍵區域包括額葉皮質、杏仁核（amygdala）和海馬體（hippocampus）。

額葉皮質：
- 額葉皮質參與高階認知功能，包括決策、解決問題和衝動控制等。
- 慢性壓力可能會導致額葉皮質發生結構性變化，從而損害大腦調節杏仁核的能力。杏仁核負責調節我們的情緒，當它被

　　擾亂，我們就會變得過度警覺，無法恰如其分地應對壓力源。

杏仁核：

- 杏仁核是處理情緒反應（包括恐懼和壓力）的關鍵區域。
- 慢性壓力會導致杏仁核的體積與活動增加。活動的增加可能會讓我們對未來的壓力源產生誇張的情緒反應。
- 這種過度活躍的壓力反應可能會衝擊情緒幸福。

海馬體：

- 海馬體對於記憶形成和調節壓力反應至關重要。它本來可以在一個壓力源消失後關閉壓力反應。
- 慢性壓力會讓海馬體發生結構性變化，引起學習與記憶困難，以及調節壓力反應的能力受損。

　　這些是重要的知識，因為它們可以幫助我們恰當地應對急性壓力和慢性壓力。理解你為什麼會感到透不過氣和過度警覺，以致無法應付壓力，誠屬寶貴。但大腦是可塑的，這種情形是可以改變的。當你處於「低電量模式」時，你可能會發現自己更容易被觸發和發脾氣，這是因為你經歷了由壓力引起的大腦變化。又或者你一直昏昏欲睡和疲憊不堪，但你卻把這種感覺歸因為懶惰，因此你雖然責備自己沒有完成任何工作，卻又把自己進一步推入無法擺脫的困境。所以，如果你在工作中難以集中注意力，或者發現自己總是生病並且對生活漠不關心，那麼你八成已經到

了極限。你並不是懶惰或沒有進取心。你是無法應付生活的要求。你的大腦不會把完成作業或為會議做準備列為優先事項。相反地，它看重的是以任何可能的方式補充能量。如果你把你的大腦和身體視為一個系統，其每個細胞過程——從思考到跑步——都需要能量，那麼，倘若你的能量因受到持續的壓力而快耗盡，有些東西就必須加以割捨。[8] 首先被割捨是你的作業。第二個被割捨的項目十之八九是做飯：你將會以叫外送取而代之。

我20至30歲大多數時候都是活在被慢性情緒失調和無益壓力困擾的狀態。我老是生病，因為我無法把自己做飯列為優先事項，經常被垃圾食品吸引，而且坦白說，我的生活一團亂。人們會把20歲稱為「咆哮的20歲」並非無因。唉，我20幾歲的時候就是在咆哮。

當然，這種狀態不只見於20幾歲，我們在生命中的任何時刻都可能遇到同樣的壓力水平。我就碰過這種事好幾次。儘管我是自作自受，但最糟糕的一次（表現為無法應對生活）正好是發生在自我發現的重大時期。真是雙重倒楣。作業讓我感到困難，而且我輕易被一些無足輕重的事情壓倒和經常發脾氣。真是好笑。但是，其實你是可以利用當時掌握的資訊來做到最好，而我當時當然不知道這些。這就是我會在這裡對你說話的原因：將資訊的接力棒傳遞給幸運的人，讓他們不用像我從前那樣，用千奇百怪的方式把自己的生活搞得一團糟。如果我以前就知道我現在所知道的，我在倫敦的生活將不致那麼亂糟糟。那時，我有經濟

上的憂慮又交了些損友，再加上未解決的童年創傷，凡此皆讓我心情大壞。更糟糕的是，我對參加派對樂此不疲，而且不限於參加週末夜的派對。星期三因為前一晚上在「同志酒吧」喝了 1.8 英鎊的啤酒而宿醉在我是常有的事。我常常以「累」為藉口請假。如果有任何我以前的頂頭上司讀到這個，要請他們見諒。「事後孔明」沒有多少用，但我卻有神經科學方面的學位，這讓我占了優勢。我現已明白，我的不健康應對機制讓我愈來愈沒有出路，因為我沒有管理情緒的工具。我對壓力的了解斷然不夠，乃至無法理解自己的感受或經驗。雪上加霜的是，因為沒有足夠的自尊來維護自己，我做出了糟糕的選擇，投入無望的浪漫和柏拉圖式情感關係，試圖靠別人來治癒我。我允許別人糟蹋我，因為我告訴自己，我不夠好，不配得到任何人的尊重。

為了重新建立自信，我有很多工作要做，但要做到這一點，我需要回到根本事項，學會如何更好地應對壓力。由於多種原因，我一直生活在持續的壓力之中，但會是如此，也是因為我沒有做好根本事項。當我們將大腦視為硬體時，做到一些根本事項——諸如充足睡眠、不飲酒、學習冥想（這些是本書將為你提供的許多工具的其中幾項）和在你想要什麼、不想要什麼之間劃出明確界線——將確保機器正確運作，讓我們有餘裕可以升級軟體。

我的第一個體認是，搞陰謀對付我的不是這個世界，而是我自己。

去掉多餘的東西&聚焦在自己

消除了我生活中不必要的負擔

（額外的工作、社群媒體、大型聚會等）

把重要的事情列為優先，割捨不重要的事情

與朋友和家人溝通我的需要

學習說「不」而不感到內疚：劃界線

制定明確的工作／家庭生活時間表

避免飲酒和參加派對

冥想與自我催眠

嗜好：芭蕾與藝術

規律運動

有限的咖啡因攝取

抽時間享受大自然

良好的睡眠

做瑜珈

我是如何打破惡性循環
▎壓力機制

　　壓力引發的生理反應是由杏仁核安排的，而杏仁核是大腦邊緣系統（limbic system）的關鍵一員。做為指揮中心，杏仁核迅速評估環境刺激，特別是那些被視為威脅的刺激。當偵測到危險時，它會發送訊號，透過「下丘腦-垂體-腎上腺」軸（hypothalamus–pituitary–adrenal axis, HPA）活化身體的壓力反應，以活化**交感神經系統**。

　　杏仁核對於觸發腎上腺皮質釋放壓力荷爾蒙（主要是皮質醇）至關重要。這個過程可以提高意識、增加能量和集中注意力，讓身體準備好應付挑戰，做出所謂的「戰鬥或逃跑反應」（fight or flight response）。杏仁核具有快速處理資訊的能力，可以在有潛在危險的處境中迅速下決定。

　　與此不同，**副交感神經系統**起的是抵消作用，以促進休息和消化狀態為務。對於將身體在壓力源消失後恢復到平衡狀態，副交感神經系統發揮著至關重要的作用。這種鎮靜作用的關鍵是迷走神經。迷走神經跟心臟和消化系統在內的各種器官連接，釋放乙醯膽鹼（〔acetylcholine〕一種可抵消壓力荷爾蒙影響力的神經傳導物質）。當副交感系統被活化時，它會減慢心率、增強消化並促進放鬆。

平衡交感神經系統和副交感神經系統的活動
對於整體健康至關重要。

　　被釋放到大腦和身體中的壓力荷爾蒙都是些無視壓力原因的分子，換言之，從根本上來說，大腦雖然會感知到壓力，卻不會管壓力的來源，不會區分壓力是來自你的交作業時限迫在眉睫，還是來自你正在被一頭獅子追趕。壓力反應的強度可能會有所不同，而這可能會對大腦和身體產生更重大衝擊，但除此之外，壓力荷爾蒙只是一種通用分子，是在指示你在一個特定情況中要怎麼做：逃跑、專注、戰鬥或完成作業。

　　我們都會感受到壓力，有時多些有時少些，但通常會在不久後或一天之內從壓力中恢復過來。身為人類，我們應該要有壓力反應。這是健康且必要的。你總會遇到壓力，試圖生活在一個可以逃避壓力的世界是愚蠢的。應對壓力的關鍵是重新調整我們對壓力的心態，但更重要的是要迅速從中恢復，這樣我們就不會流連在壓力狀態中，讓壓力有變成慢性和適應不良性壓力的危險。這可能很困難，因為我們常常會因為一些無法消失的事情而承受持續的壓力，例如離婚、金錢問題或健康問題等，而這就是壓力開始產生有害影響的時候。慢性壓力會導致大腦變化，引起憂鬱、焦慮和其他問題。這可能會讓我們無法調節情緒並降低對常見日常壓力源的容忍度。其原因是，當杏仁核過度活躍，就可能會在通常不會引起壓力反應的環境中感知到威脅性刺激。你一定知道你因為牛仔褲被門把卡住而哭泣的感覺。雖是雞毛蒜皮小事卻十足有威力。

　　我曾經大部分時間都是這個樣子，那是因為我父母沒有教我如何處理情緒，也沒有教會我如何自由地生活，而他們動輒就情

緒爆發的樣子也沒有教給我平心靜氣過生活的榜樣。我敢打賭，弟弟讀到我寫的這個一定會放聲大笑，因為他知道我以前是什麼樣子。一個典型的例子是，有一次，我和他去到義大利阿爾卑斯山一家汽車租賃店時，我發生了嚴重的崩潰。我沒有閱讀「服務條款」（有人會讀嗎？），所以不知道你需要有信用卡才能租車。我卻沒有信用卡。又因為我調節情緒的能力非常有限（這見證了我所處的警覺狀態有多高昂），只要小小的麻煩足以讓我發生較大的崩潰。當時，我想從包包裡找什麼東西（至於是找什麼則早已忘了），結果把包包裡所有的東西都翻了出來。據我所知，我絕不需要這樣大張旗鼓。然而僅僅十分鐘後，我為租車的事找到一個解決方案：支付更多的押金。開車時，我感覺得到弟弟對我剛才的大發脾氣感到困惑。我笑著說：「我是個明星，小寶。」雖然回想起來很可笑，但現在我意識到我那時的精神狀態有多麼動盪。在一個小時的時間內，我的情緒從絕望和挫折盪向了無法控制的大笑。而且是為一個事實證明很容易解決的問題如此。可以肯定地說，我是一個動輒會感到壓力的人。但透過學習壓力背後的神經科學和我們對壓力的生理反應，我終於掌握了管理我的生活的工具，讓我可以擺脫情緒的動盪。想要在行為上有任何改變，我們必須管理我們的壓力反應。顯然，我本來是隻驚弓之鳥，任何小小的風吹草動都足以讓我抓狂。

　　生活在持續的警覺、反應和準備攻擊的狀態，意謂著你的大腦不會把建立新的連結和改寫你的敘事列為優先事項。如果我們的大腦和身體充滿壓力荷爾蒙，便表示硬體組件需要先處理壓

力，然後我們才能察看軟體。想要恰當地應對壓力，你需要著力於讓硬體恢復正常運作，如此你才能處理你的思想、信念和情感的軟體。當你處於「低電量模式」時，你的大腦會優先致力維持基本功能的運作，不是嘗試改變你的習慣和行為。當你對壓力適應不良時，會很難做出任何發自可塑性的改變。

以下是我們經歷嚴重壓力事件後應該發生的情況。

假設你經歷了一件壓力事件。應該發生的是你的身體出現副交感神經反彈，向你的大腦和身體發出訊號，表明威脅已經消失，讓你可以回到基準線。有時這種情況不會發生，因為我們面臨的問題未曾消失，又或是因我們耿耿於懷，心思仍然停留在問題上。高度發展的人類大腦有能力繼續思考壓力事件，從而使我們的皮質醇水平升高。我們的大腦和身體繼續感覺受到威脅，而這是適應不良的，因為它不再有任何功能可言。那我們應該怎麼做？

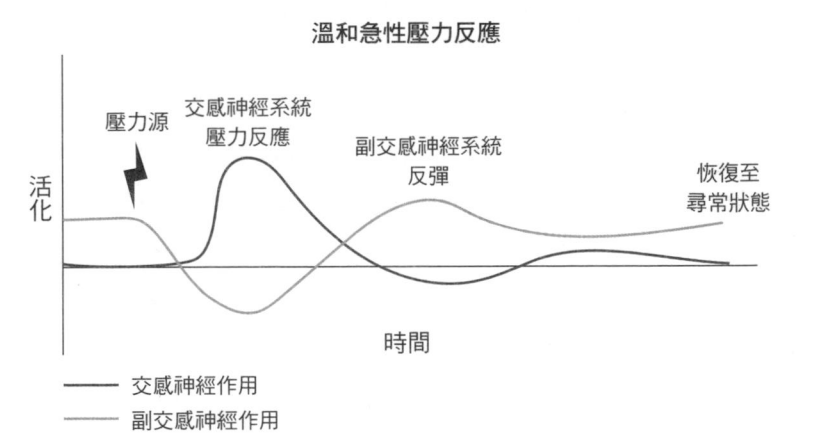

溫和急性壓力反應

採自：Payne, Levine & Crane-Godreau, 2015. Front. Psychol.[9]

工具 1

大腦非常原始，按照設計，它不是要讓你在面臨威脅和危險時聆聽。它是設計來讓你逃跑、戰鬥或靜止不動。這表示，如果你想恢復到放鬆狀態，你的身體需要告訴大腦，它不再感知到威脅。將這一訊息傳達給大腦的最快方法是透過一種呼吸技巧，而神經科學家安德魯·胡伯曼博士（Dr Andrew Huberman）稱之為「生理性嘆息」（physiological sigh）[10]。

你是否曾經因為感到壓力和透不過氣而開始嘆氣或氣喘吁吁地走來走去？我第一次知道我會這樣，是在剛開始養我的狗科比的時候。因為是邊境牧羊犬，牠對情緒和能量超級敏感。牠以前會因為我嘆息而感到不安。在養科比之前，我並沒有意識到自己在感受到壓力時有多愛嘆息。我們現在彼此非常了解，牠也明白了我嘆息並不是因為生氣或難過，而只是在調節，所以不會再為此感到不安。如果你沒有像科比那樣的狗，你可能會有一個伴侶或一個孩子向你指出這一點。我們通常將嘆息聲與負面意義聯繫在一起，但這是大腦的調節機制，試圖將自主神經系統重新切換回副交感神經狀態。你的大腦有一個位於腦中潛意識部分的天生機制，稱為中腦（midbrain），它讓你以嘆氣重置呼吸頻率。當我們感到壓力時，呼吸會變淺，肺部的一些肺泡會塌陷，致使血液中的二氧化碳含量增加。大量的二氧化碳會讓你感到受壓和焦躁，這就是為什麼深呼吸可以讓人感到平靜。嘆息對於肺部通氣具有重要作用，它可以使肺部最大程度擴張，從而防止肺泡進一

步塌陷。因此，嘆息是你對壓力的行為反應的自然部分。既然我提出來了，請注意你在受壓和焦慮時有多常嘆息。不過，又或者已經有人向你指出了這一點。了解了這種嘆息的好處後，你可以向他們解釋，為什麼那是一種極重要的生理反應，也是我們呼吸機制的重要組成部分。

你也可以用強制執行來快速開動這機制。這種強制方法便是上述提到的「生理性嘆息」，又被稱為循環嘆息法（cyclic sighing）。它是一種呼吸技巧，可以用人工方式加速回復鎮靜的過程，業已被證明是使你立即回到副交感神經狀態的最有效方法。

連續吸氣兩次很重要，因為它可以迫使塌陷的肺泡（肺部的小氣囊）再次打開，使其重新膨脹。這讓肺部有更多表面積來增加氧氣的攝入量，並有效地從系統中去除過多的二氧化碳──這是向你的大腦發出的一個訊號，表明你不再面臨任何威脅。你的心跳率會因此下降，從而讓你回到放鬆的狀態。

胡伯曼表示，生理性嘆息因為賦予個人自主權和控制權，故而可以做為減輕焦慮的工具。焦慮的最大特徵之一是人對自己的處境感到缺乏控制力，而生理性嘆息讓人透過快速將壓力反應恢復到平靜狀態來控制處境。

這就是為什麼生理性嘆息是幫助我們管理壓力反應的重大工具。當我們專注於延長呼氣時，我們是在向大腦發出訊號，表明身體不再處於危險之中，可以把壓力反應「關閉」。

生理性嘆息

短促地連續吸氣兩次
（最好是用鼻子吸，
如果做不到也可以用嘴巴）。

閉氣一秒鐘。

用嘴巴長而緩慢地呼氣。

工具 2：經過漫長一天後以嗜好自娛

在導言中，提到我們的思想可以喚起生理反應，我們的大腦是可以透過思考壓力事件來感知壓力。如果我們反芻一天早前發生過的事件，那即使你將自己抽離出來，你的大腦仍然會把事件感知為即將發生，因此，如果我們經歷緊張的一天在回到家裡之後繼續思考工作，我們的壓力荷爾蒙並不會消退。[11]但透過從事我們的嗜好，我們可以讓自己沉浸在其他事情中，這樣，我們的大腦就不會去思考先前遭遇的壓力，有機會利用這個分心的時機進行調節。嗜好可以是你經常參加的活動，例如唱歌和跳舞（說不定你就是個音樂家）。它們也可以是一種娛樂和放鬆的消遣，是你常常在休閒時間進行的。理想情況下，你應該投入一項愛好，完全專注於其中，讓注意力從事情上轉移開來，讓大腦從

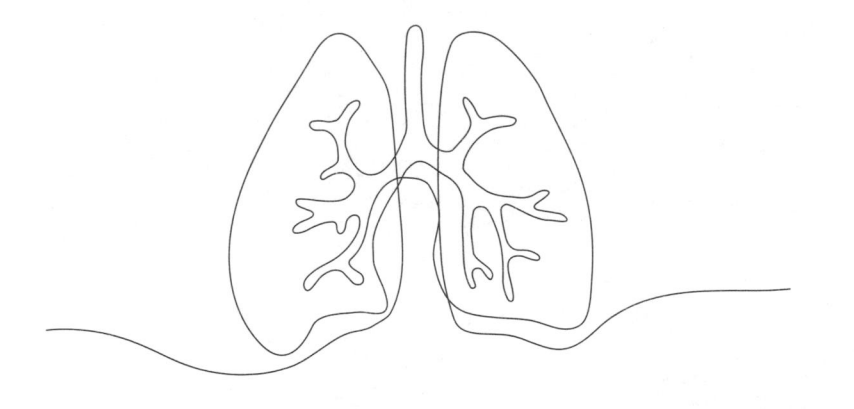

一天的壓力中恢復過來，忘掉生活中的所有問題。

從事嗜好還會對我們的心理幸福產生深邃影響。嗜好會讓我們在從事後感覺良好，因為它們會刺激對我們構成挑戰的不同腦區，導致「腦源性神經營養因子」的升高。「腦源性神經營養因子」會在我們從事運動、學習和創作等嗜好時釋放。[12]「腦源性神經營養因子」的增加可以改善我們的情緒、減輕壓力、增強整體心理健康，有助於產生幸福感和成就感。

從事規律性的嗜好可以讓你下班回家後將壓力拋諸腦後，這樣你就可以與家人享受夜晚，不會去反芻當天發生的事情。你永遠無法避免壓力，我們也不應該嘗試這樣做。反之，我們應該歡迎它，因為急性壓力是我們保持生存和運作的動力，但我們需要了解如何過著不會不斷向負面方向傾斜的生活。

問題出在壓力變成慢性並且不肯消失之時。如果你在工作時與同事發生爭執，晚上回到家又與太太吵架（在在看來你的婚姻都會以離婚收場），然後為了忘掉煩惱又喝不少酒，那麼你的身體將不斷充滿壓力荷爾蒙，沒有機會恢復過來。這意謂著你陷入適應不良的交感神經狀態，恢復副交感神經狀態的能力受到損害。整體而言，你的系統受到擾亂，以致天平向過度運作的交感神經狀態傾斜，而副交感神經狀態沒有做出適當的反應。如果不處理這種慢性壓力狀態，它可能會無限期地持續下去，並且大腦和身體也會因為這種過度活化而開始無法對環境的挑戰做出適當反應。

這就是處於慢性壓力狀態下的樣子。

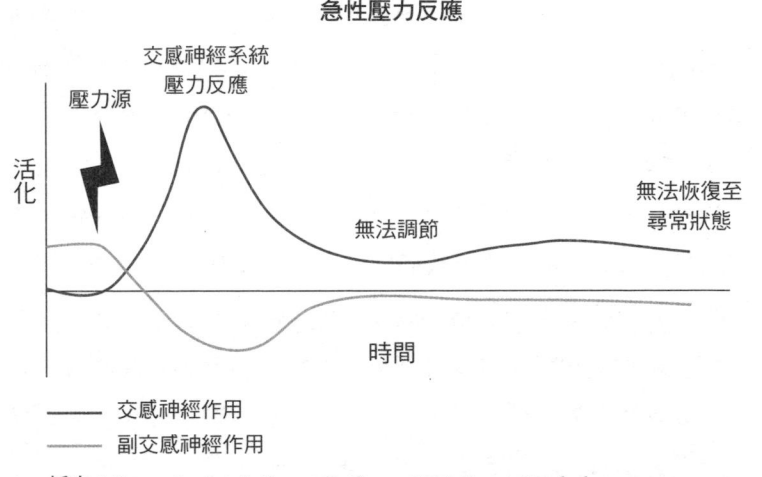

急性壓力反應

採自：Payne, Levine & Crane-Godreau, 2015. Front. Psychol.

　　從上圖可以看出，副交感神經系統無法恢復正常。即使是中等的壓力源也會導致壓力反應過度。我們稱此為「調適負荷」（allostatic load），它道出了由於持續或重複的壓力而對身體造成的累積磨損，反映了為應付持續累積壓力而付出的生理成本。

　　當你經歷慢性壓力時，會很難集中精力工作，甚至要苦苦掙扎才照顧得了自己。你會發現連淋浴的氣力都很難找到。這是因為你的大腦和身體處於「低電量模式」。如果你過度警覺且容易被觸發，你的情緒狀態可能會因壓力水平而加劇，讓你感到透不過氣，會對通常不會惹你生氣的事情（例如租車時沒有信用卡）發脾氣。當我們處於這種慢性壓力狀態，我們的大腦不會把嘗試改變思考方式列為優先事項。這就是為什麼你會感覺被困在了循環中。

▍應付慢性壓力的工具

管理壓力對於情緒調節也至關重要，因為兩者密切相關。如果神經系統可以對壓力源做出恰當反應，你將更能適應自己的情緒，不會被情緒壓垮。這種提高了的覺察可以幫助你識別和理解自己的情緒，從而更容易有效地調節它們。當神經系統因壓力或負面情緒而被活化時，可能會導致情緒升溫，透過練習神經系統調節技術，你可以及早介入和預防情緒升溫。

從上面的討論，可以歸納出：

1. 壓力不一定是壞事。
2. 「壓力」一詞被濫用，而這可能會損害我們的心理健康。
3. 學會在事件結束後不久調節壓力可幫助你管理它。
4. 我們對壓力的心態可以改變我們適應壓力的方式。

應付慢性壓力的工具：
回歸基本事項

睡覺

這是緩解壓力的最佳重置按鈕，

可以讓你的身體恢復正常。

冥想／自我催眠

可以幫助縮小杏仁核，

增加大腦可塑性，提高韌性。

定期做運動

可釋放具有潛在抗憂鬱作用的

「腦源性神經營養因子」，

降低發炎，釋放內啡肽。

去除多餘的東西

設立界線，去除那些會消耗你的能量的東西。

嗜好

沉浸在讓你感覺良好的活動中。

▋大腦與情緒

你知道當你極度情緒化、無法正常思考時的感覺嗎？你會衝動行事，情緒負擔過重，感覺自己永遠無法控制它們。這是因為我們的情緒反應與大腦中控制不同認知過程的各個網絡密切相關，因此會影響我們感知和處理資訊的能力。情緒是必要的，因為它可以幫助我們了解我們內在和周遭所發生的事，了解在我們的內在狀態和外在世界所發生的事。雖然我們無法完全控制生起的情緒，但實際上我們透過情緒調節去控制情緒的能力要比我們想像的強得多。雖然社會教導我們情緒是不好的，不應該去感受它們，但你並不會因為擁有它們而「太情緒化」。事實上，正是所有各種情緒讓我們成為人類。因此，透過了解當你經歷強烈情緒時大腦中正在發生什麼，以及學習如何管理它們，你將不需要試圖推開它們並假裝它們不存在，而是可以學會如何處理它們。

有些人在內心深處相信自己的靈魂極其敏感，或者相信自己完全無法控制情緒。曾經有人告訴我，我在做決定時不應該使用情緒，而雖然這話在某種程度上是正確的（例如我們不會想要在生氣時做出衝動的決定），情緒是做決定的重要組成部分。我們在生活中所做的決定極少是不帶有某種形式的情緒的。

問題是，當我們感到被情緒壓得透不過氣或當情緒異常強烈時，它們往往會消耗我們通常用於高階思維（解決問題、創造性思維和批判性思維等）的心理資源。當我們被情緒淹沒時，我們大腦的複雜推理能力和決策能力可能會受到損害，其程度取決於

問題的嚴重程度。強烈的情緒也會將我們的注意力從其他事情上轉移開。假設你收到伴侶發來一條可怕簡訊，表示想要在你下班回家後與你聊聊。你知道你們的關係已經不好了一段時間，所以現在開始絞盡腦汁想要想出這一次是哪裡出了問題。你可能會感受到強烈的恐懼和不安全感，而這會影響你接下來的工作，讓你根據自己的情緒狀態來解讀工作中的事件。也許你的上司把你叫進他的辦公室要讚揚你的什麼表現，但你的不安全感卻讓你在走近他的辦公室時心懷忐忑。你可能甚至把他的讚揚當成諷刺，等著他對你破口大罵。

　　情緒可以強烈衝擊我們，讓我們無法清晰思考。它們也會影響我們回憶的方式，讓我們以有偏見的方式回憶往事，從而扭曲對事件的感知。我知道這種事常發生在我與伴侶爭吵之時：那些通常不會困擾我的往事會突然冒出水面，給我的情緒狀態火上加油。因此，他在2018年7月23日發的一條簡訊自然而然成了今日爭吵的罪狀。我的這個例子是有點誇張，但你知道我的意思。我只望搏得你一笑或點一下頭。

▍你的大腦正在發生什麼事

　　人腦是一個高度互連且複雜的器官，不同區域融合在一起，共同執行各種功能。然而，這些腦區有各自的功能，並且往往具有不同的運作特徵。

　　邊緣系統負責動機和情緒的處理和調節，以及觸發「逃跑或

戰鬥反應」。它通常被稱為「情緒腦」，會影響我們對不同經驗和
感覺的反應。邊緣系統的資訊處理大多是潛意識地進行，衝動而
快速。它看重的是眼下的生存需要而非理性思考。當強烈的情緒
被觸發時，它們有可能會劫持邏輯性強和冷靜的腦區**前額葉皮質**。

　　前額葉皮質負責如聚焦、專注和自我控制等管控功能（executive function），但更重要的是，這一區的處理過程要較慢和較深思
熟慮。正是由於前額葉皮質的存在，我們才能預見可能的情景、
理解發生在周遭的事件，並在犯錯時調整我們的反應。大腦的這
一部分也稱為新皮質（neocortex）。我們發達的前額葉皮質是我們
與其他物種的區別所在，因為它讓我們有能力思考我們的生活、
進行判斷和擁有自由意志。檢視我們自己的想法的能力——稱為
後設認知（metacognition）——是思考我們自己的想法的能力。身
為人類，我們也有能力在心理上將自己置於生命中的不同時期
——這種能力也稱為自主意識（autonoetic consciousness）。我告訴
你這些，是因為我想讓你了解人腦的奇妙之處，並讓你知道你對
自己的思想和行為的控制力比你本來想像的要大得多。

　　邊緣系統和前額葉皮質常常讓人感覺它們是互相衝突。我
是應該那樣做還是不應該？常言道：「我的頭腦說不可以但我的
心說可以。」但透過了解這兩個領域之間的相互作用，我們可以
將它們聯合起來，使它們能夠相互補充。大腦的這些區域儘管具
有不同的作用，但並不互相排斥，它們可以共同作用來塑造我們
對世界和行為的理解。你不必然總是要自己與自己打架。儘管如
此，在某些情況下，「情緒腦」是可能凌駕和影響我們的邏輯思

考能力，而這種情形通常是發生在情緒或壓力水平高漲的時候。這就是壓力會起支配作用的原因，因為大腦只關心生存，邏輯思考遂受到損害。你的大腦是為了擺脫壓力而不是為了理解壓力而設計；這使得考慮替代解決方案或進行創造性思考變得困難重重。如果你被一頭獅子追趕，那你關心的只會是如何讓自己擺脫這種情況，而不是去理解為什麼你附近有一頭獅子。

　　你的大腦關心的主要是自我保存，然後是尋找樂趣，所以它會盡一切努力確保你活下去。只有當這些需求得到滿足，管控功能和其他更需要用腦的任務（例如解決問題和時間管理）才能浮現。

▌要把強烈情緒怎麼辦？

　　你可曾在壓力和絕望中做出過衝動的決定、對朋友或伴侶大喊大叫，或者做了一些讓你不覺得自豪的事情？那是因為你的決策能力受到了邊緣系統的損害。正常情況下，情緒在幫助我們理解世界和在其中行進起著至關重要的作用。我們的情緒提供了寶貴的訊息，指導我們對各種情況的反應。你有時候會能較理智地思考，但另一些時候卻可能會因為把水壺忘在家裡而哭泣。當我們壓力大、疲倦或情緒高漲時，我們大腦的邊緣系統就會接掌大權，而邏輯思考和管控功能就會消失無蹤。難道你會在壓力大和焦慮時試圖解決問題嗎？這時你傾向於懊惱、原地踏步和批評自己，無法找到解決方案或清晰地思考。

　　在前面談壓力的單元（第37頁），我們了解到杏仁核有時會

壓倒大腦的邏輯中樞。現在發生的情形正是如此。因為你的邊緣腦包括杏仁核和海馬體等結構，而它們都參與情緒處理，所以你對某些處境的認知可能會改變。當恐懼和憤怒等強烈情緒被觸發時，它們會影響我們的決策過程，使我們處於一種情緒高漲的狀態。這樣，我們的思考就會有偏見，理性思維也會被負面和讓人透不過氣的情緒所壓倒。

你知道掉進一個坑裡、只能專注在生活中的負面事情的感覺嗎？你想要跑卻無處可去。你想出去，但你甚至不知道從哪裡開始動身。我曉得這種感覺。有時我的精神狀態極差，以致不管我對這些主題有多少知識，都覺得它們無一管用。

我們談過憤怒會對我們的情緒狀態有重大影響和凌駕我們的「邏輯腦」。當我們處於這一類高張的情緒狀態時，我們的邏輯區域就會被以維持我們的生存為首務的邊緣系統所劫持。你是否曾經在一場爭吵中徹底爆發，甚至記不起周遭發生了什麼事？當時就好像什麼其他事都不存在，爭吵比天大，你怒不可遏，說了一些不理性的話。衝動控制受到損害，這是由大腦中大量的正腎上腺素決定的。你的情緒如此高漲，以致你的理性思維被拋到九霄雲外。當我們感到憤怒之類的極端情緒時，我們的邊緣系統會高度活躍，讓我們很難清晰地思考。這是因為杏仁核的活動加劇了，對前額葉皮質構成了抑制，讓人難於邏輯地思考。

工具 1

在這種情況下，「生理性嘆息」（第42頁）是嘗試恢復前額葉

皮質若干功能的很好工具。

｜工具 2

走到外面的陽光中，眺望全景，可以幫助緩解你無法控制自己情緒的感覺。透過擴大視野，你可以減少因怒吼而導致的狹隘視野。[13] 走到外面，深呼吸幾次（也可以做「生理性嘆息」），同時眺望遠方，可以減輕你生氣時透不過氣的感覺。這還可以讓你有幾分鐘時間來遠離吵架現場，清晰地了解情況。你這是給了你的「邏輯腦」一些時間來思考和處理事情，不讓「邊緣腦」當家作主，做出一些以後會讓你後悔的事情。

▎管理其他所有情緒

我承認，我也曾經不確定上述的方法是否一定有效。但我走出來了。

我想強調，情緒很重要，是我們不應該試圖逃避。事實上，情緒與邏輯之間平衡得恰到好處，才是理想的生活狀態。我們只需要確保天平不會明顯偏向情緒狀態，以免你一直感到受壓、焦慮和透不過氣。但更重要的是不要受到負面情緒的偏見所蔽，因為它們會塑造你的生活和你的敘事。

研究顯示，培養情商（emotional intelligence）有助於更好地理解和管理我們的情緒。[14] 透過了解我們的情緒和了解壓力，我們將能更靈活地應對情境，從而更能理解為什麼我們會有某種特定的感受。這表示它們對我們的衝擊會變小，或是我們能夠以更

恰當的方式反應。除此之外,學習調節我們的壓力反應還可以降低我們正在經歷的一些情緒的強度,這樣它們就不會不成比例地爆發。當你承受極大的壓力時,你的情緒覺察力會高張,而一些你通常不會放在心上的事情會引發簌簌的眼淚。你知道那個千禧世代的迷因,突然斷裂的髮圈是壓垮你的理智的最後一根稻草嗎?對,就是這種感覺。就在你要控制住情緒的時候,這件事讓你眼淚奪眶而出,怒不可遏。潛伏的因素當然還有很多,但它卻是雪上加霜。

學習辨識我們的情緒和準確地叫出它們的名字,可以讓我們清楚地了解自己的真實感受,也可以幫助我們在情緒上更自覺。[15]研究顯示,即使只是說出我們情緒的名字也能讓我們產生一種對它們的控制感,從而能夠更好地處理它們。[16]這是因為命名我們的情緒需要動員負責邏輯思考的前額葉皮質——該腦區在情緒高張時通常受到抑制。這讓我們重新獲得控制權,能以更佳的方式做出反應,不會被情緒完全支配。

研究人員和治療師使用許多模型和圖表來幫助人們識別和表達他們的情緒,這是因為我們的情緒通常涉及一系列生理、認知和主觀的體驗,很難清楚整齊地歸類。這些模型的其中之一是羅伯特·普拉奇克(Robert Plutchik)提出了「情緒之輪」(wheel of emotions)。

普拉奇克主張基本情緒有8種,它們位於「情緒之輪」的第二圈。其餘是我們可能感受到的其他情緒。你可以使用此輪來確定你的感受,讓你在情緒激動時有較多的自主權。擁有情緒覺察

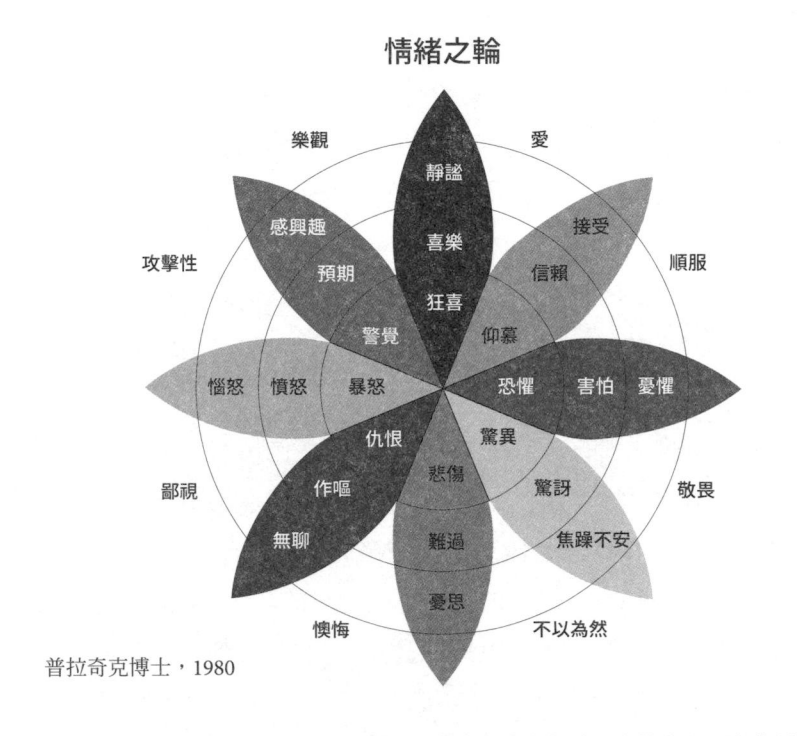

情緒之輪

普拉奇克博士，1980

力很有價值，因為它可以幫助我們擺脫我們在頭腦中反覆述說的敘事。當我們能夠理解自己的情緒時，就更能處理我們基於這些情緒而對自己述說的負面故事。這也可以讓我們了解到，我們以某種方式對自己說話可能是因為我們所處的情緒狀態導致，不是因為我們是在陳述事實。

當身處慢性壓力狀態或「情緒腦」凌駕我們的邏輯中樞時，我們經常發現自己在反芻沉思，反覆用一些消極的話自言自語。這樣，一個腦區網絡會確立起來，其中的腦區會負面地相互溝通，塑造你的整個生活。

請記住，情緒不是你的敵人，而是你的內在世界的信使。它們是只有你才能看到的內部宇宙。它們讓你可以窺見你的渴望、恐懼和需要。

焦慮

我們常常將「壓力」、「焦慮」和「擔憂」三個詞混淆使用，但缺乏區分可能會讓我們無法正確處理自身的感受。

壓力是當荷爾蒙充滿身體時對恐懼的生理反應，它讓我們準備好逃跑、戰鬥或靜止不動以應對危險。

擔憂則是焦慮的思考部分。例如有以下的想法便是擔憂：我不知道這個月要如何維持收支平衡，或那些人會因為我說了什麼什麼而覺得我很奇怪嗎？擔憂的思想是由想要解決問題的額葉所產生的。問題是這些想法可能會不斷地被重複和反芻，從而變成了焦慮。

焦慮是在邊緣系統（我們大腦的情緒部分）中觸發的。通常，杏仁核是威脅偵測系統，密切注意潛在的危險。如果有危險，杏仁核就會向大腦發出訊號，指出需要釋放壓力荷爾蒙，好讓人為應對迫在眉睫的威脅做好準備。然而，有時這種反應可能過於活躍，在沒有什麼好怕的情況下發出危險訊號。面對焦慮的情境時，大腦的注意力控制系統傾向於優先考慮與威脅相關的刺激，會將認知資源從建設性解決問題上轉移開。因此，經歷焦慮的人可能很難將注意力轉向較理性和以解決問題為導向的思維。

擔憂

- 擔憂是一種認知過程，涉及思考可能發生或不發生在未來的潛在問題或情況。
- 它通常涉及對可能發生的事情的不安、不確定或恐懼。擔憂通常聚焦在特定事件或結果。

焦慮

急性壓力	焦慮
短期	可能會流連不去
被外在事情觸發	可能找不到具體觸發原因
一種外在壓力 引起你相應地反應	不會在外在壓力源 消除後消失

- 焦慮是一種更普遍和更瀰漫的情緒狀態，其特徵是憂慮、緊張或恐懼。它常伴隨著心率加快、肌肉緊張和坐立不安等身體症狀。
- 焦慮可以是對真實或知覺到的威脅的反應，也可能不總是與特定事件相關。它可以表現為慢性疾病或間歇性的強烈焦慮。

那壓力和焦慮呢？

　　焦慮和壓力二詞常常被人混淆不別，但儘管它們有所不同，它們經常以各種方式重疊和相互作用。我常聽到人們說他們對某件事感到壓力，但事實上，他們是擔憂一個未來的潛在結果。他

們既不焦慮也不受壓。識別受壓、焦慮與擔憂之間的區別（擔憂沒有任何物理觸發原因），對於幫助我們恰如其分地解決問題很重要。

　　壓力和焦慮有相似的症狀，這意謂著有時很難區分它們。重要的是要學會更多地了解我們的感受，以識別壓力和焦慮，而不是把經歷的一切感受和情緒籠統稱為「壓力」。這樣我們才能做出相應的反應並更有效地支持自己。

▌3種辨識你是受到壓力還是焦慮的方法

1. **焦慮是過多的。**有些情況對任何人來說都是有壓力的。然而，如果擔憂的感覺不尋常且過多，或者你發現你會誇大負面情況，那麼它可能是焦慮而不是壓力。
2. **壓力通常是外來的**，而焦慮是內在的。壓力通常是由外在事物觸發的，例如上司斥責、面臨考試或是身兼多職。如果你消除了明顯的壓力源，那種透不過氣的感覺會消失嗎？如果會，那就是壓力。如果沒有，那麼你是在焦慮。
3. **焦慮會導致對尚未發生的事情感到恐懼。**沒有外在壓力源就可以引發焦慮。即使沒有任何明顯值得擔心的事情時，你也可能會感到恐懼和憂慮，這就是焦慮。反之，壓力是來自外部，會要求你做出相應的反應。

　　焦慮往往在習慣迴路中變得根深蒂固，而習慣迴路是一種由

「提示」（cue）、「套路」（routine）和「獎勵」（reward）構成的神經模式。「提示」可能是觸發壓力原因，它會引發習慣性反應以減輕不適。為焦慮所苦的人可能會採取重複的行為模式或思考模式做為「套路」，試圖重新獲得控制感，以減輕感知到的威脅。做為「獎勵」的焦慮緩解雖然是暫時的，但卻強化了迴路，加強了焦慮和習慣性反應之間的連結。隨著時間的推移，這個循環會變得自動化，加劇焦慮，使擺脫循環變得困難。想要管理焦慮和培養更健康的應對機制，了解和破壞這種習慣迴路至關重要。

可供打破習慣迴路的工具 [17]

辨識觸發原因

辨識和理解觸發焦慮迴路的提示，是打斷循環的第一步。

以合乎神經科學的方式步行可以減少焦慮

當你在戶外行走時，周圍的環境會掠過你的周邊視覺，而流經你眼睛的環境模式會讓你左望右望。[18] 你十之八九沒有自覺到這一點，而且沒有主動移動你的眼睛，但只要你沒有盯著手機看，這就是會自然發生的事。這種橫向眼球運動已被證明可以使杏仁核失效（杏仁核是大腦中處理恐懼的區域）。這是因為當你的眼睛從一邊移動到另一邊時，它們會活化大腦中的額頂葉網絡（frontoparietal network）——這網絡由一批腦區組成，它們掌管注意力、複雜問題的解決和工作記憶（working memory）。此一網絡

與杏仁核競爭資源，所以開啟它會關閉杏仁核和減少焦慮。

如我們所見，焦慮和壓力會損害你的管控功能（額頂葉皮質的部分功能），而當你感受到壓力時，你會很難集中精神解決問題和做出決定，你的判斷力也會受到損害。當你透過左右移動眼睛來參與額頂葉網絡從而使杏仁核安靜時，就會發生相反的情況。有人依此發展出「眼動減敏與歷程更新療法」（eye movement desensitization and reprocessing therapy, EMDR），用目標導向的眼睛運動來幫助病人在不帶恐懼的情況下處理事件和情緒。

步行的另一大好處是當你處於開闊空間和大自然中時，你的大腦可以看出沒有迫在眉睫的威脅，從而減少杏仁核的活動。我們的大腦天生就是為了生存而設的，而有研究顯示，城市人的杏仁核比農村人的更活躍。[19] 我們的大腦不斷地審查傳入的訊息，判斷其是否危險，而生活在城市意謂著你的大腦需要處理更多汽車、人和噪音等。還有研究顯示，僅在大自然中行走一小時，杏仁核的活動就會減少。[20] 因此，置身大自然和開闊空間中可對大腦產生有益的減輕焦慮作用。

當你感到壓力和焦慮時，最好的方法之一就是出去散步，這樣你就可以處理你的思緒和情緒，而無須處理恐懼。「去散個步清清頭腦」一語是有道理的。

更多緩解焦慮的工具

- 焦慮需要一些認知介入來幫助我們了解如何看待壓力事件。

- 冥想已被證明可以縮小杏仁核的大小。
- 自我催眠可幫助我們把在某些情況下會有的感受加以視覺化想像（visualization）。通常，我們的大腦不知道在特定情況下我們應該如何感受，因此它會退縮到它最熟悉的狀態。視覺化想像有助人們了解他們的大腦和身體在某些情況下應該有什麼感覺。

神經化學物質和情緒

我從小就閱讀企鵝出版社的書籍，而在2023年6月，我去到倫敦的企鵝蘭登書屋總部與我的編輯會面。走近大門時，我看到了標誌性的企鵝商標。我感覺自己正在經歷最美好的電影場景時刻。我笑得合不攏嘴，幾乎不敢相信正在發生的事。我自信地向接待人員詢問我的編輯的所在位置，昂首挺胸和深感自豪。哇，一大堆不同的情緒在我的身體裡流動。

幾天後，我舉辦了一場盛大的生日派對，真是好玩呆了！有表演者負責表演，而我甚至為我的客人唱歌。我感到欣喜若狂，充滿純粹的快樂與喜樂。我幸福洋溢，為人生而興奮。讓人快樂的化學物質在我的血管裡湧動，推動我內心的社交蝴蝶翩翩飛舞。

兩天後，我回到葡萄牙，重新過上安靜的鄉村生活。但不知怎地，雖然經歷過在企鵝總部和生日派對的高潮時刻，又雖然知道了我和我的編輯是出書上的天作之合，我卻感到憂鬱。我又煩躁又悲傷。我本來應該快樂的。我本來應該感激剛剛在倫敦渡過的那讓人難以置信的一星期（那些美好時刻我將終生銘記）。但

我反而焦躁不安，情緒低落。

其中的道理在於，每個高潮都會有一個低潮。因為前一星期幸福和感激之情的高漲，我現在陷入了低潮。有時，當我們經歷一些極端的高潮後，會出現一個反彈時刻，表明我們有需要補充神經化學物質。人們常常將情緒波動、煩躁和憂鬱症狀歸因於身體出現問題，但其實那通常是試圖達到體內平衡（homeostasis）的方式。體內平衡是身體在受到內在或外在力量影響後，透過重新調整內在狀態來進行自我調節的方式。例如，當外面很熱時，你的身體會用出汗來控制你的內部溫度，讓你不會因為高溫而自燃。我的身體正在從前一週經歷的高水平狀態中重新調整。這並不代表我是個不知感激的人或我很沮喪，儘管這些是我正在有的感受。它意謂著我的大腦正在從前一星期的情緒高張中恢復過來。

幾星期後，諾瓦克・喬科維奇（Novak Djokovic）在 2023 年溫網男子決賽中輸給了卡洛斯・阿爾卡拉斯（Carlos Alcaraz）。他在賽後表示：

> 當所有的情緒都沉澱下來之後，
> 我必然仍然會非常感激。

當採訪他的記者說他仍然應該為自己所取得的成就感到自豪時，他回答說：「明天早上我會的，但現在這是一個難以接受的事實。」這話在我看來說得太好了。他完全意識到自己的情緒，

他知道現在他會因為剛剛輸給了阿爾卡拉斯而感到沮喪，但明天他將會產生感激之情，為他取得的所有其他勝利感到自豪。喬科維奇的心態和他對待輸贏方式讓我著迷。所有出色的網球運動員都擁有出色的發球和揮拍技巧，他們透過重複和練習來學會打球，但世界排名前十的選手與其他選手的不同之處在於他們的心態。

「奧運後憂鬱症」（Post-Olympic depression），這個運動心理學家史考特・戈德曼（Scott Goldman）創造的術語非常真切。它道出了運動員——無論是獲勝者還是失敗者——在奧運比賽結束後感受到的情緒低落。這時，運動員的生理和心理資源皆已耗盡，情緒可能會直直落。[21] 他們確實是因參加過如此的活動而走向低潮。許多其他運動員在賽後也表達了同樣的感受。這種下降會導致失去目標、自我價值低落、困惑和嚴重憂鬱。「奧運後憂鬱症」可持續數週，如果不及時治療的話可能會變得嚴重。

我之所以強調神經化學物質對運動員的重要性，是因為有時我們這些凡夫也會被化學物質的豐富或稀少所左右。它們是暫時的和動態的，所以是波動的，但它們卻可以在很大程度上決定我們如何知覺自己。這會讓我們陷入反芻和想太多的循環。只要了解這一點和我們的神經生物學結構，我們就可以多了解自己一些，並學會打破循環。儘管喬科維奇在鏡頭前面可能只是強裝堅強，但我卻在他接受的其他採訪中看到他承認自己的失敗和尊重自己的感受。他對比賽的心態使他能夠利用失敗做為燃料和學習。

情緒失調意謂著我們即使只經歷輕微的壓力，一樣可能會感到較大的壓力、焦慮和甚至是恐慌。這讓我們處於持續的亢奮狀態，產生與疲倦不堪相似的生理反應。此外，情緒失調可能會增強對環境中的威脅的感知（有時甚至這些威脅並不客觀存在也是一樣），從而導致過度警覺和對危險的預期心理。最後，情緒失調可能會產生身體後果，導致睡眠、消化和免疫功能被擾亂，而這又可能進一步導致一種警覺加劇和壓力加劇的狀態。我們知道，慢性壓力會阻礙我們創造有意義的可塑性改變，因此調節我們的情緒無比重要，因為如此我們才能繼續重新改寫我們的敘事。

如何管理這種狀態

當你發現自己處於這種狀態時，我希望你明白它是暫時的，就像波浪一樣總會過去。

透過了解你的大腦和讓我們有情緒高低起伏的神經化學物質，我們會獲得對情境的控制感。這讓我們能夠馭浪而行，渡過難過的一刻。

在這種情況下，為情境創造一個敘事會很有幫助。你可以透過跟朋友和家人談論你的感受或寫日記來做到這一點。

腦力貨幣

你知道要在社群媒體上浪費10分鐘而不自知有多容易？我的碩士論文調查了我們如何將腦能量資源分配給社群媒體，發現人們通常會認為上社群媒體是讓自己從工作中獲得休息。我們的

大腦每天消耗能量的能力有限，因此能量資源也有限。[22]學習、解決問題和高階思維等活動會導致能量消耗增加，進而導致精神疲勞。問題是，當我們在午休時間使用社群媒體進行休閒，認為此舉可以放輕鬆一下大腦時，我們的能量資源實際上仍然是被分配到耗神的事情上去。這會導致認知超載，即大腦被過多的訊息或刺激淹沒，從而阻礙我們大腦處理事情的過程。在當今的數位時代，社群媒體源源不絕的數據湧入可能會導致精神疲勞，衝擊決策和整體認知功能。

　　社群媒體平台刻意吸引我們的注意力，從而極大地加劇了這種超載。持續不斷的通知、更新和精選內容需要消耗我們的腦力資源。因此，當你在午休時間瀏覽社群媒體時，你實際上是在向網路世界贈送你的腦力貨幣。然後，當你回到辦公桌時，則不管你是作家、學生、辦公室人員、建築師或任何需要在工作中使用精神能量的人，你的能量資源都會因為沒有實際休息到而更為枯竭。

　　假設你每天在跑步機上待8個小時（就像你一天上班8小時一樣），整天以穩定的速度跑步，然後在午休時間，你改為騎固定自行車（即上社群媒體）並一面騎一面吃午飯，這樣的話，你實際上並沒有休息到。這就是為什麼刻意地進行精神休息至關重要。遠離螢幕、進行冥想或離線活動可以讓大腦得到充電。你大概會想：嗯，我該做些什麼呢？重點是，你只需要來一次適當的戰略性休息，休息個10到20分鐘就能讓大腦獲得能量更新。我曾經專門針對冥想做研究，結果發現它很能補充精神能量。當受

試者戰略性地休息15分鐘，他們的注意力和決策品質都會提高。我將其稱為戰略性休息，是因為它要求你有目的地度過休息時間。在理想的情況裡，你可以在休息的前10到15分鐘閉上眼睛，與世隔絕，然後享受社群媒體和咖啡。試問，外在刺激總是不斷地影響我們的精神狀態，一天中我們有多少次是「向內」審視自己的呢？如果你不想冥想，那麼戰略性休息所要求你的，只是關閉任何可能影響你的系統的外部影響，花10到15分鐘補充精神能量，好讓你的大腦不致油盡燈枯。如果你不這樣做，那麼你很可能會在一天剩下的時間裡都氣喘吁吁，而等你回到家之後，你會疲憊不堪，煩躁不安，對周圍的人發脾氣或做出錯誤的決定。或者更糟的是，你的大腦會在你最意想不到的時候為你休息。

簡而言之，減少花在社群媒體上的時間，把更多時間花在現實世界，為自己騰出時間，這才符合我們的最大利益。戰略性休息可以提高我們的注意力。隨著時間的推移，你大腦的能量資源會耗盡，我們稱之為警覺遞減（vigilance decrement）。這意謂著我們的注意力會慢慢下降。

我在我養的狗身上總是看到這種情形。每次給牠們做訓練，牠們總是在十分鐘後就分心，失去對任務的專注，開始犯錯。同樣情形也見於我自己的工作。當我「神清氣爽」或經過適當休息時，我會比較容易下筆千言。我避免在午休時間看手機，有時甚至會閉上眼睛「小睡」（但不會睡著），以給大腦重新分配能量。

只要我們定期地讓大腦有足夠的時間恢復元氣，我們的專注力就會隨著時間而增加。警覺遞減的問題在於，當你疲倦時，你

會倚賴心理捷徑運作，而這會讓你倒退回到自動和死硬的狀態。在不知不覺中，你又開始重複負面行為、暴飲暴食和拚命滑手機。你的大腦會尋找走捷徑的方法，這樣它就不必考慮你想要做出的改變，而且它會不斷強化這種模式。如果可以的話，大腦會找到保存能量的方法，採取阻力最小的路線，而如果你感到疲倦和精神枯竭，這種情況會被放大。因為如果你的大腦可以走一條更簡單的路線來保存能量的話，它為什麼要優先考慮鮮為人知的路線？

　　此外，你愈累，就愈依賴手機來增加多巴胺（dopamine）。這是很自然的，但所有科學證據都顯示，付出努力得到的獎勵才是真正的獎勵。社群媒體帶來的獎勵太唾手可得了，會導致我們的動機驅力失調，讓我們更加疲憊不堪。當我們在社群媒體花上大量時間，我們的多巴胺水平就會飆升到需要更多的多巴胺驅使，才會想做其他事情的程度。這是一種滑坡謬誤（slippery slope），因為我們讓自己相信答案是來自社群媒體的更多多巴胺，所以我們會暫時感到有動力，但這種感覺很快就會消失。我們愈常增加多巴胺，就愈需要更多的多巴胺讓自己感覺更好，而矛盾的是，這會愈來愈困難。我們開始將自己的懶惰、缺乏動力和拖延歸因於某種性格類型，就好像我們是有問題的人一樣。我們可能被同儕或甚至自己貼上懶惰和缺乏動力的標籤。這個問題可以透過限制使用社群媒體和其他快速刺激來解決。關於多巴胺的文獻數量龐大且複雜，但它們看來一致認為獎勵需要與努力掛鉤。如果我們過度頻繁地體驗多巴胺獎勵，就會降低它的效力。當我們因為從

事需要努力和工作的活動而獲得多巴胺，多巴胺的釋放曲率會非常不同，這意謂著我們不會在高點和低點之間劇烈搖擺。例如，因為做運動、鍛鍊呼吸和達成與個人或工作相關的目標而釋放的多巴胺，其效力可以維持一整天。這不會對我們的動機產生負面衝擊，反而可以幫助我們更輕鬆地實現目標。

　　減少使用手機一開始可能會感覺困難，但隨著習慣開始減弱，最終會變得較容易。我幾乎等不及休息時間了，因為我可以感覺到我的大腦需要休息。一旦休息成為習慣，你就會高興地接受它。它是保持大腦健康最容易的方法之一，也是整天保持大腦能量水平的最佳方法之一。這樣，我們就不會在漫長一天結束回到家時失去所有控制。

　　閉上眼睛和忘掉世界是非常寶貴的工具，而且一點都不複雜。只需簡單地與外在世界隔開即可對你的腦力產生難以置信的好處。[23]

▶重點重溫▶　打破循環

- 壓力並不總是壞事。
  - 警覺性壓力可以讓你在執行任務時保持警覺。
  - 急性壓力是一種短期的能量爆發，可以幫助你找到解決問題的方案，把問題擺脫。
- 學習固定從急性壓力中恢復可以增強心靈韌性。
- 當加諸我們的要求超出了我們有效應對的能力時，就會產生慢性壓力──這是壞事。
- 慢性壓力可以讓我的生活陷入低電量模式，擾亂我們對壓力源的反應，使我們變得過度警覺，無法清晰思考。
- 壓力管理的工具。
  - 生理性嘆息：第42頁
  - 嗜好：第44頁
  - 緩解慢性壓力的工具：第48頁
- 學習區分壓力、焦慮和擔憂可以讓我們更好地管理每種情緒。
- 準確地稱呼你的情緒有助於重新活化前額葉皮質，該皮質負責較邏輯性的思維。有關「情緒之輪」，參閱第56頁。
- 腦力貨幣是你花費認知能量的地方──對花它的方式要慎重。

戰略性休息的類型：

祈禱

唱歌

走路

跳舞

伸展身體

冥想

呼吸鍛鍊

閉上眼睛休息

自我催眠（有相關應用程式）

何時實施這些休息：

當你感到疲倦時

會議與會議之間的空隙

午休時間

一天結束時

接重要電話之前

進行重要演講之前

在緊張的事件之後

你的大腦
是被設計成專門關注
負面事情

但這是你可以改變的

負面偏見
Negativity Bias

神經科學的研究顯示，負面情緒在大腦中引起的反應比正面情緒大得多，這表示著我們傾向於更多地關注壞事而忽略好事。這極有可能是演化的結果。

我問我的「追隨者」對自己持有哪些負面假設。有些回覆真的讓我笑出來。

如果我在工作上遇到挑戰，我準會失敗，
而我的團隊也會討厭我的建議。
我暗戀的人不會因為我而喜歡我。
我害怕想一些正面的事情，抱持希望
只是為了失望。
我永遠不會成為最好的那個，所以又何必嘗試呢？
與同事進行過正常的工作談話後，
我走開時總是覺得自己說了一些蠢話。
我談戀愛不會有結果的。
我是一桶肥油。

我又胖又醜。

我不特別。

別人邀請我只是出於禮貌，他們並不真的

希望我在那裡。

我不配得到我想要的東西。

每當我的伴侶心情不好，我就假定

他們出軌了。

較少的關注和溝通意謂著

他們不再喜歡我。

我永不可能被治癒得足以真正愛自己的程度。

我功能失調而古怪。

當我看到別人買得起我買不起的東西時，

我對自己感到難過，並認為我永遠做不到。

他們取消和我見面，所以他們一定是不喜歡我。

　　這些「負面偏見」（negativity bias）可以表現為我們給自己講的故事，也可以表現為行為。例如，我的室友回家後總是用誇張和添油加醋的方式講述當天碰到的壞事和倒楣事：「然後火車晚點了4分鐘，這讓我很生氣，因為我本來就出門晚了。然後火車上又有個傢伙如何如何……然後我的老闆這麼這麼說……然後一整天下來愈來愈糟。」

　　有時我喜歡在社交場合播下種子，和客戶談話時更斷然是這樣。我會問他們：「這星期你碰到哪些小得意和大得意？」

　　他們通常一開始會說：「沒太多好事。」繼而大吐苦水：「這星期大多數時候都很糟糕。」然後等我們聊開，我會開始指出：「等一等，你說這件事是一件小得意。」

　　「啊，對喔⋯⋯我怎麼沒想到。」

　　有趣的是，他們慢慢會意識到，他們碰到的好事比他們本來注意到的要多。到談話快結束時，我會看見他們臉上洋溢著笑容，滔滔不絕談碰到過的所有美好的事情。他們當然也會談到負面的事情，但態度卻較無所謂，這表示他們較不受情緒和偏見束縛，能夠採取中立立場。

　　　　　　就像宇宙沒有搞陰謀對付我，

　　　　　　它大概也有搞陰謀對付你。

　　我也喜歡問朋友：「那一天／那星期／那假期你最喜歡的是哪個部分？」

　　常言道，人不會忘記你帶給他們的感受。透過讓別人憶起他們碰到過的好事，我們保證了彼此相處愉快，對彼此有快樂的回憶——哪怕後來我們不再是朋友。

▎你的大腦正在發生什麼事

　　我們都傾向於執持負面的假設和老想著負面的事情。這是所謂的「負面偏見」。你可能已經注意到，在第56頁所看到的「情

緒之輪」中，8種基本情緒裡只有兩種是正面情緒，還有兩種既可能是正面情緒也可能是負面情緒，要看情形而定。

- ✕ 憤怒　　☑ 信賴　　● 驚訝
- ✕ 作嘔　　☑ 喜樂　　● 預期
- ✕ 難過
- ✕ 害怕

　　你可曾注意到，如果你過了美好的一天，但後來發生了一些不好的事情，你的好情緒往往會蕩然無存？對「負面偏見」的科學研究顯示，當好情緒和壞情緒等量時，壞情緒的心理影響力會超過好情緒。研究還表明，大腦認定負面刺激比正面刺激具有更多的資訊價值，值得更多的注意和認知處理。這也會影響判斷和決策。當我們做決定時，一個決定的負面後果的分量要大於正面後果。

　　神經科學研究甚至記錄了做為特定感官事件的直接結果的大腦反應（事件相關電位）的強度。[24] 在一個測試中，先讓受試者看一些中性的圖像做為對照，再讓他們看一批混雜在一起的正面圖像和負面圖像。[25] 雖然同樣具有刺激性，但負面圖像比正面圖像在大腦中引起的反應要大得多。這表明我們往往更加重視和關注負面經驗和情緒。不僅如此，大腦也更容易接收到負面事件。換句話說，即使正面和負面成分並陳，我們也更可能注意和記住負面事件或一個情境的負面部分，並受到其影響。

這種情形也以各種不同方式出現在我們的生活中。例如，如果你的社群媒體貼文得到一堆好評和一條負評，那麼你在一天或一星期的剩餘時間裡很可能都會惦記住這條負評。這是演化有以致之。做為一個物種，我們必須對潛在的威脅和危險高度敏感，這對我們的生存至關重要。我們已經看到在8種基本情緒中，負面情緒占大多數。但我們是可以改變這種偏見的。喬科維奇在輸給阿爾卡拉斯後接受的採訪中表示他感謝之前的其他贏球，這就是不以壞事推翻好事的態度。

我聽過很多人說他們是非常負面的人，對情況的第一個反應總是怨尤，要麼是批評自己，要麼是批評別人。例如，你聽說你的朋友升職了，你的第一個反應是他不配，對他能夠坐上那樣的位子感到震驚。或者你認為這不公平，因為你對他的個人生活有了解。但你的偏見極可能讓你忽略了他的所有優點，忽略了讓他配升職原因。另一個例子是，當你看到伴侶以前伴侶的照片時，你會覺得他們比你強或比你好看。我們的大腦喜歡專注於負面的事情上，如果這聽起來像你，那麼你並不孤單。

這種「負面偏見」最有害的部分是，我們都會有一個關於自己的故事，重複地對自己和對別人述說。對某些人，這種重複述說的故事是好的，對他們有利，但對另一些人，那是一個透過負面性和自我批評的視角來維持的故事。我們大概是從父母、同儕和我們的社經地位中獲得這個故事。你大概是透過觀察父母的做事方式而學會這個故事，而它會嚴重阻礙了你現在的生活。例如，你母親對自己的身體非常挑剔，現在你也是一樣。現在，你

對自己有這畫地自限的信念，它們牽制住你，讓你成為不了你想成為的人，達成不了你想達成的各種目標。究其原因是你不相信自己。

但大腦是可以改變，這些信念也是一樣。

長期抑制作用（long-term depression）：突觸的減弱

無法同步的神經元會無法彼此連結。

承認我們大腦的「負面偏見」是理解我們為何流連在負面事件的一大步，這樣，我們才可以著手改變自己，以後不再如此。

如果你沒有處於「戰鬥或逃跑狀態」（高壓力狀態）而是專注於正面事件，你將更有可能重新架構你對一個情境的看法，改變你的心態，最終導致你隨著時間的推移而減少受到負面事件的影響。記住我們在上一章中學到的關於自我調節的知識：我們知道我們需要把心靈保持在冷靜狀態才能改變我們的心態。如果你處於高度警覺狀態，那麼在重新架構一個情境前，需要先使用其中一種調節自我的工具。

利用「生理性嘆息」來調節你的神經系統。方法回顧：

- 短促地連續吸氣兩次（最好是用鼻子吸，如果做不到也可以用嘴巴）。

- 閉氣一秒鐘。
- 用嘴巴長而緩慢地呼氣。

　　請記住，無論重複什麼想法和反應都會加強你腦中的路徑。因此，反芻沉思負面事件會強化負面思考與擔憂的神經路徑。然而，我們絕對可以改變這種預設的思考模式，使我們的自動反應變得更加有正面心態。

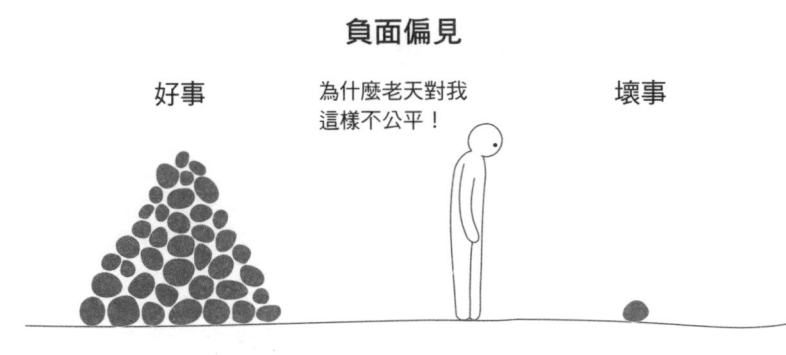

負面偏見

好事　　　　　為什麼老天對我　　　　　　壞事
　　　　　　　這樣不公平！

一個可操作的例子

你經驗到會觸發負面反應的事情。

你與同事進行了與工作相關的討論，

而你感覺自己說了一些蠢話。

自我調節（如果需要的話使用「生理性嘆息」）

重新架構

你有不安全感表示你在別人面前很容易緊張，

但你知道你沒有說任何蠢話，

因為這是你的職業和專業領域；

你只是擔心你說了蠢話。

假以時日，你的自動反應將不再跳出負面結論，

因為那些連結已經被削弱。

▌長期增強作用（long-term potentiation）：連結的強化

一起放電的神經元會彼此連結。

神經心理學之父唐納德・赫布（Donald Hebb）是最早了解神經元功能如何促進學習等心理過程的科學家之一。他也發現，當你一遍又一遍地重複某種經驗、想法或行動時，大腦會學會每次觸發相同的神經元。換言之，如果你反覆做某件事，假以時日，同一批神經元會被觸發，為你帶來相同的體驗。你重複的次數愈多，連結就會愈牢固。在神經科學中，我們將這種現象稱為長期增強作用，即連結的強化。

但分開放電的神經元會互不相干。

確實如此。我們是可以甩掉某些行為的。我們可以切斷神經元的共同放電，讓它們不再互相活化。我們稱此為長期壓抑作用。改變你對某件事的自動反應是可能的。赫布定律解釋說，如果神經元不互相刺激或溝通，這些神經元的連結就會隨著時間的推移而減弱。因此，如果你會被某件事觸發，但你漸漸拉長被刺激和做出反應之間的時間，那麼，這些想法或神經元將不再相互觸發，你也不會立即做出反應。

我們來看另一個例子。如果你在感到壓力時總是覺得需要吸菸，那是因為你的大腦將這種解決方案與緩解壓力聯繫起來。你

腦中的神經元同時發出訊號，告訴你解決壓力的方法就是抽菸。這是一種大多數人沒有注意到的自動反應。但知道我們可以改變這種反應意謂著我們可以用其他選擇來取代它，這樣，隨著時間的推移，你的大腦在碰到壓力時便會採取不同的路線，而不是自動想到吸菸。你的想法也會出現同樣情形。有人可能會說，改變想法比戒菸更容易，因為吸菸具有成癮性，但你的大腦常常會陷入負面情緒，因為這是它一遍又一遍練習所形成的。

可塑性的很棒之處在於它是雙向的。我們可以創造新的連結，但我們也可以甩掉其中一些連結。我們是可以甩掉一些我們重複述說的故事，用較正面的故事取而代之。你是可以刻意地不讓一個想法直接地帶出另一個想法，來切斷兩個同時放電的神經元之間的聯繫。把兩個相續的想法的出現間距拉得愈長，它們的神經連結就愈弱。這種知識在後面更詳細地探討如何拆解特定的放電模式時，將很重要。

▎神經可塑性第一定律

今天早上我就像多年來的那樣煮咖啡。我的伴侶最近買了個漂亮的小奶泡器。它看起來像一根頂部有光環的攪拌棒，可以振動和旋轉，這樣你就可以使牛奶起泡，讓其變得絲滑。我一星期前便知道，一開始只應該在杯子裡放少量的水或牛奶，待打泡後再把杯內的水或牛奶添滿。我已經準備好等水壺沸騰之後在馬克杯裡倒一點點水，再施展神奇的打泡沫法術，炮製出有史以來最

好的咖啡……但該死的是，即使我心裡是這樣想，我仍然在杯子裡倒滿沸水。混蛋！我知道不應該這樣做，但我還是做了。你有過這種經驗嗎？

神經可塑性第一定律指出，反覆活化一個「突觸前神經元」（發送訊號的神經元）和一個「突觸後神經元」（接收訊號的神經元），會導致它們之間的溝通效率或溝通有效性提高。[26]我未能只在杯子裡放少量的水是我的神經元以特定方式反覆放電的結果，這會讓我不假思索，自動化地行事。對共同放電的神經元的反覆活化會提高它們的溝通效率。我太習慣用某種方式泡咖啡，讓潛意識模式起了支配作用，以致我在意識層面告訴自己應該用別的做法也不管用。我為什麼要告訴你這個？嗯，在我們的行為和做事方式上，這種現象出現在生活的各個方面。大多數時候，我們都是在自動模式下過生活而沒有真正思考，所以負面思想可能會像往常一樣出現，並且因為這些路徑透過重複得到了加強，你便會再次沿著常走的路走下去。

神經可塑性第一定律也指出，放電（神經元之間的通訊）的順序和時間點決定了一個被加強的連結（或被削弱的連結）的大小和程度。我一直以特定的方式按特定的順序煮咖啡，煮了大概有12年了：這12年裡，我反覆往杯子裡注滿熱水。這種連結是高度加強的，它會不假思索地發生。如果你在相同的時間內對自己反覆述說一個負面故事，情況也是一樣。我提這一點是因為我希望你對自己有同情心。我們將一起改變這種情況，但我真的想讓你明白為什麼你的大腦會做出它所做出的事。我們需要對其進

行重新編程和升級軟體，以便你可以停止以特定的方式自言自語。這樣你就不會再急著歸結出負面結論，不會再看到你做的每件事的消極面，不會只專注於你沒有取得的成就。我希望你看到這個改變之旅的前頭有什麼。經歷改變的困難在於，你會難於信任這個過程，不知道事情是否會成功。我完全了解這一點，但這就是為什麼像我這樣的人會在這裡為你提供有科學支持的建議來幫助你。如果你很難信任這個過程，那麼我希望你開始信任我和這本書，即便害怕你會沒有任何進展也是如此。

▍幫助你覺悟的訊息

你知道你是如何一直責怪自己，希望這樣做會給你帶來改變的嗎？一個典型例子是你因為剛剛吃的一塊餅乾而感到不安。又或者是不斷重複數算自己的壞習慣，希望這會讓你有一天改變。然而，做為人類，我們往往不會從壞消息中學習（除非該消息極具毀滅性，以致引發出一個由極端情緒——恐懼——驅動的改變）。例如，即使有人告訴你再吃一塊餅乾會要了你的命，你還是會照吃。我們往往只想看到和聽到符合我們當前信念的事物，因此，我們會接受我們想聽的訊息而忽略我們不想聽的訊息。當你的朋友告訴你，你的車正在導致氣候變遷時，你不太可能直接去車庫把它換成較省油的車。

如果你是吸菸者，有人告訴你吸菸有害健康，這真的可以幫助你戒菸嗎？我們非常善於迴避那些不符合我們信念或可能讓我

們感覺不好的訊息。它們可能會讓我們質疑某些事情，但通常這種改變來自內部，而不是從別人那裡聽到壞消息。這就是為什麼苛責自己和批評自己並不能推動任何改變。告訴自己你不夠好並不會讓你感覺更好。吃餅乾時說自己肥並不會阻止你下次再吃餅乾。

對行為改變動機的研究顯示，做為人類，我們傾向於忽視負面警告而對正面警告有較好反應。[27]研究人員查看了 2006 年至2008 年的股市指數值，發現當股市走高時，人們會不斷登入帳戶查看股價，而當股市走低時，人們會較少登入自己的帳戶。[28][29] 人們把頭埋在沙子裡，害怕看到帳戶崩潰時的負面後果。人們唯一一次瘋狂檢查自己帳戶，是在 2008 年稍後期股市崩盤時。這告訴我們，除非事情真的非常糟糕，否則我們不會對負面訊息做出反應，而負面訊息也不會促使我們做出反應。它不足以真正產生正面的影響。這就是為什麼你在這個循環中被困了這麼久。我們有著「負面偏見」，傾向於沉迷在負面的事情上，但當我們將其用作一個改變的動機時，它並不會改變什麼。

▌重新架構你的想法

改變你的敘事

我不夠好 ⟶ 我可以適應和學習

我是由我的創傷定義 ⟶ 我會治癒

我不喜歡自己的樣子 ⟶ 這個身體是我的家

我沒有精力 ⟶ 我需要休息

我很孤單 ⟶ 我可以與大自然連結

我做不到 ⟶ 我做得到

沒有人喜歡我 ⟶ 我喜歡我自己

我很無聊 ⟶ 我有很多東西要學

感激

正如我們已經確知的那樣，大腦具有令人難以置信的可塑性，具有透過形成新的神經連結和修改既有神經連結來重組和適應的能力。從神經科學的角度來看，感激關係到大腦各個區域和神經傳導物質的相互作用，這些相互作用有助於體驗和表達對生活的感激之情，而即使生活給你帶來麻煩，你在整體上也會變得較為正面。從很多方面來說，感激都是一種技能，但它的美妙之處在於，你實踐得愈多，它就愈能強化正面的想法、情緒和行為，從而創造一個正向的回饋迴路。

隨著你持續保持感激的習慣，這種回饋迴路會持續加強。假以時日，你的大腦會把較正面的觀點默認為預設值，讓你更容易注意到和欣賞生活中的美好事物。當感激成為一種自然和習慣性的反應之後，生活會變得更充實和滿足。

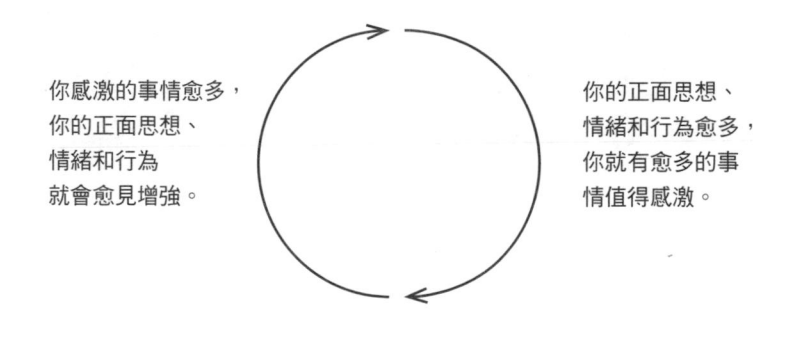

你感激的事情愈多，
你的正面思想、
情緒和行為
就會愈見增強。

你的正面思想、
情緒和行為愈多，
你就有愈多的事
情值得感激。

練習感恩的 3 個方法

感恩日記

每天花幾分鐘寫下讓你感激的事。你感激的可以是簡單的事情，例如美麗的日落、美味的餐點、友善的談話或個人成就。反思這一天，並記下給你帶來喜樂和感激之情的具體時刻。

對他人表達感激

花時間向周圍的人表達感激之情。告訴朋友、家人或同事你有多感激他們以及為什麼。親筆短束、打電話或面對面交談可以產生重大影響，加強你們的關係。

將「本週的小得意與大得意」融入你的練習中

將其做為一項活動納入你的一週。你可以在以下時間做它：

- 寫日記時
- 在冥想過程中
- 與家人用晚餐時當成遊戲來玩
- 在星期天用它來結束一星期
- 在一星期開始前的星期一早上

▶重點重溫▶　負面偏見

- 負面情緒在大腦中引起的反應要比正面情緒大。
- 這意謂著我們傾向於關注壞事情而忽略好事情。
- 人們對自己所持的負面假設包括：
  ◦ 如果我在工作上遇到挑戰，我準會失敗，而我的團隊也會討厭我的建議。
  ◦ 我暗戀的人不會因為我而喜歡我。
  ◦ 我害怕想一些正面的事情，抱持希望只是為了失望。
  ◦ 我談戀愛不會有結果的。
  ◦ 我不特別。
- 透過指出我們在一天取得的小勝利，我們開始改變我們的敘事方式，看出壞事中也一些正面的東西。
- 負面偏見最有害之處是，它歪曲我們關於自己的敘事，把我們說得比實際更差。
- 基於神經可塑性，我們可以學習改變我們的自動反應，減少負面情緒，並改變我們的敘事，講述一個較好的自我故事。
- 重新架構你的思想會有所幫助。
- 尋找值得感激的事情有助於重組大腦的線路，讓它以較正面的眼光看事情，因為它有助於釋放可讓人感覺良好和快樂的化學物質。
- 感激是個自我實現的循環：你感激得愈多，它就愈能強化正面的想法，而正面的想法愈多，你就有愈多的事情值得感激。

信念的力量

研究顯示我們的思想

可以在我們的大腦中創造路徑

來強化我們的信念

最終塑造我們的知覺

你的思想的力量
The Power of Your Thoughts

你可曾聽過這話：「如果你知道你的想法有多強大，就不會再產生負面的想法了。」

想像今天是個炎熱的夏日，你正在泡檸檬水。你從冰箱裡拿出幾顆閃亮的檸檬；它們是冰冷的、亮黃色的、蠟狀的。你切開一個，汁液從裡面流出來。你開始擠壓它，釋放出一股濃郁的香味。你不能自己地咬了檸檬一大口，牙齒咬住了多汁的果肉，汁多到順著你的下巴流淌下來。

這樣想的時候，你流口水了嗎？如果你有，你就是喚起了一種垂涎欲滴的生理反應——好像檸檬就在你面前一樣。這告訴我們，我們的思想是多麼重要。我們可以根據我們的想法改變我們的生理反應。因此，如果你持續講一個關於自己的負面故事，你就會強化大腦中的這些路徑，又由此強化你對自己的這些看法。

當我到一些公司演講，談到我們的思想有多重要時，人們通常會倒吸一口氣。大多數人一生中頭腦裡都有個背景聲音，不斷向他們講述一個有關他們的故事，沒完沒了。這些故事並不總是壞故事，但當它們是壞故事，它們就會讓我們沮喪，增強我們對

自己的看法。所以，我們除了在別人面前遣詞造句時要小心，在我們自己頭腦中遣詞造句時也必須小心。

我的客戶喬許（Josh）愛開玩笑說他賺的錢不像他老婆多。他打趣說，她遲早會意識到他是個多麼失敗的人，到時就會離開他。我總是提醒他，他所說的話影響深遠。我們的言語會形塑我們的思考，而我們的思考會形塑我們的感覺；我們怎樣感覺會決定了我們的行為，而我們的行為也決定了我們的信念。我們說的話可能會起到涓涓細流的作用：它們剛說出來時看似微不足道，但卻會向下滲透到我們生命的最核心。如果我們的話能夠形塑我們的思考方式，那麼它們就可以改變我們的心緒，改變我們大腦中的神經化學物質來影響我們的情緒。我們的言語是如此強大，但我們總是忘記這一點……又或者我們從一開始就沒有意識到它們有多麼影響深遠。

當喬許拿這些事情開玩笑時，他是在強化一件他在內心深處相信的事情，要不然他一開始就不會拿來開玩笑。他的話推動他的行為，這些行為表現為羞愧和不嘗試去改變。這是因為，從很多方面來說，留在原地是比較容易的，因為在我們的大腦看來，留在原地是比較安全的──儘管那不合乎我們的最佳利益。

當我開始向喬許說明我們說的話的重要性和它們對我們思想的影響時，他開始看到自己的行為發生了真正的轉變。他愈少說一些負面的話，他的自尊就愈挺立。我們的言語可能會將我們困在牆後，而只有當我們開始打破行為模式，我們才能開始意識到我們可以成為任何我們想成為的人，跳出我們為自己設下的框框。

　　神遊的思緒通常產生自內部而不是由外部的刺激所引起。
它們利用來自過去、現在和預期中未來的資料來產生內在對話，
一直在背景處運行，沒有結構化。這些思緒源自一個稱為「預設
模式網絡」（default-mode network, DMN）的腦區網絡。就像其名字
所顯示的那樣，它是我們的預設思考模式。「預設模式網絡」是
一個神遊的、創造性的、內在思想和自我指涉思考（self-referential
thinking）的所在。它與當你不思考任何具體事情時產生的內省思
維有關。它通常與自傳式記憶（autobiographical memories）、社會認
知和情緒狀態處理有關。然而，它也是一個負責反芻性思考的區
域。研究顯示，那些喜歡反芻或複述負面自我指涉訊息的人的
「預設模式網絡」常常過度活躍。[30] 這種過度活躍會導致人們更
加關注負面自我指涉思想，無法將注意力從這些思想上轉移開，
從而持久化反芻的循環，讓焦慮思想和憂鬱症狀倔強存在。

　　怎麼辦？

後設認知（metacognition）

　　後設認知是管理負面思想的有力工具，它讓我們能夠認出、
理解和調節我們的思考模式。

察覺負面思想——透過認出和承認負面思想，我們可以開始有效
地對治它們。

重新架構——一旦察覺到負面思想，後設認知讓我們能夠挑戰

和重新架構它們。

辨識思考模式——後設認知有助於辨識反覆出現的負面思考模式。了解了負面思想的根本原因和觸發原因,使我們能夠主動對治它們和養成更健康的認知習慣。

▌冥想與大自然

冥想已被證明可以抑制「預設模式網絡」[31]、擾亂負面思想的慣性循環和削弱反芻性思想的連結。冥想就像重新啟動大腦的「預設思考模式」,可將負面心態轉為較平靜的心態。

花時間在大自然中,也會影響「預設模式網絡」、促進放鬆狀態和減少與自我指涉思考相關的網絡的過度活躍程度。冥想和大自然對「預設模式網絡」的雙重影響表明它們在減輕負面思想和促進心理健康方面起著協同作用。

▌唯一的辦法是篩選

當你開始冥想時,會更加察覺到思緒的川流不息並不是罕見的事。這可能會讓你感到不知所措,甚至忐忑不安。然而,隨著不斷的修持,你會發現你與思緒的關係開始改變,會變得可以篩選它們。

你為什麼要讓自己忙不停

與「預設模式網絡」同時存在的是「中央執行網絡」（central executive network, CEN），它負責外部思維、更需要腦力的任務和問題解決。「中央執行網絡」就像你大腦的首席執行官，專門監督資訊的流動。它管理注意力、決策和我們刻意投入注意的地方。這兩個網絡的同時存在意謂著當一個網絡較為活躍時，另一個網絡可能較不活躍。例如，當你從事一項需要全神貫注的外部任務時，「中央執行網絡」會更有支配性，「預設模式網絡」會受到抑制。記住這個，你在給上司寫電子郵件時就不會去回想少年時期的尷尬經歷。希望如此。

可以將這兩個網絡想像成蹺蹺板。*[32] 隨著大腦在內部處理和外部處理之間的切換，它們其中一個會打開而另外一個會關閉，而這就是那些飽受反芻思想和負面自言自語困擾的人往往讓自己忙不停的原因之一：雖然這些人通常被認為是工作狂，他們事實上是想逃離自己的內心。

「顯著性網絡」（salience network, SN）是第三個主要網絡，負責促進「中央執行網絡」和「預設模式網絡」之間的切換。它有助

---

* 〔作者注〕需要注意的是，這只是對這兩個網絡的一般性理解，因為有些時候，它們會合作和互動。例如，當我們進行創造性思考時，通常既需要任務導向的處理過程（由「中央執行網絡」管轄），也需要可以促進創造性的內在神遊（由「預設模式網絡」管轄）。有效的問題解決也通常需要在兩個網絡之間切換，以尋找有創意的解決方法。因此雖然它們是有點獨立的網絡，但也彼此重疊和互動。

於將顯著性（即重要性）賦予環境中的某些事物，並有助於根據
內部和外部刺激的重要性在這兩個網絡之間進行轉換。例如，如
果你正在電腦前面工作卻忽然聽到外面傳來很大的噪音，「顯著
性網絡」會將你的注意力轉移到該聲音去。當你與朋友交談時，
「顯著性網絡」會讓你的朋友成為環境中最重要的人。問題是，
「顯著性網絡」也可能將注意力引導至反芻性思想和情緒，導致
你持續聚焦在這些負面的心理狀態。在反芻的脈絡下，這些互動
可能會導致你更加關注負面的自我指涉思想和情緒，從而強化了
反芻的循環。「顯著性網絡」的失調可能會因為把重要性賦予這
些思想，導致反芻模式的增強。在憂鬱和焦慮等情況下，為回應
負面情緒刺激，「顯著性網絡」可能會過度活躍，從而導致反芻
的持續。

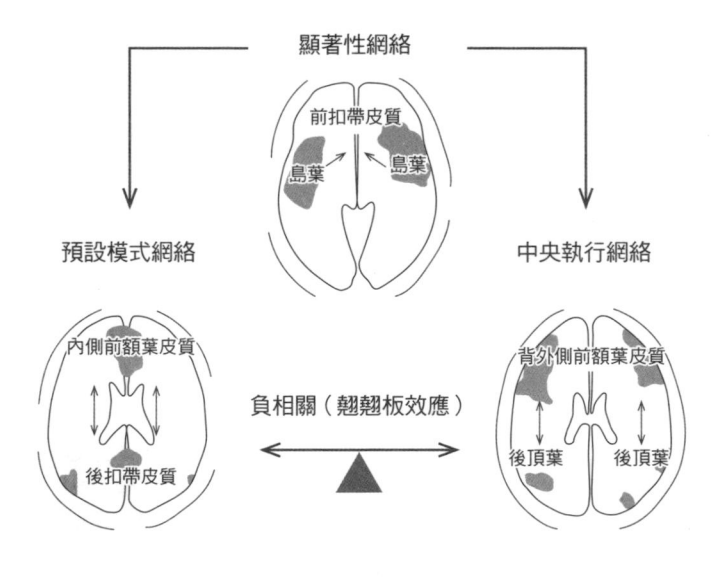

▌解決方法？

　　「預設模式網絡」的問題在於，思想看似可以自動運行，而且它們通常是無意義的，這表示它們是鬆散和自由流動的，沒有真正的開始或結束。但我們可以迫使我們的思想進入更有組織的思想之流。例如，你正在進行的內在對話會突出你的負面自言自語，從而使以下想法永久化：

- 我不夠好。
- 我做不到。
- 沒人喜歡我。
- 我什麼也做不對。
- 總是我的錯。
- 我占了太多空間。

　　但身為人，我們有能力將我們的思想轉向更連貫的事情。我們可以將我們的思想引導至一個特定的思想流中，這樣，我們就可以遠離反芻，減少對它的關注。

　　通常，反芻會在後背景處反覆進行，因為這是大腦最拿手的。記住，大腦總是想要回復到自動狀態和它最熟悉的狀態（即便它最熟悉的是反芻）。透過重新導引我們的思想和重新架構它們，我們可以開始創造新的路徑，也因此可以開始拆解反芻的放電模式。最終你的自動思想會發生改變。

步驟1——後設認知使我們能夠察覺這些思想並觀察它們。

步驟2——了解到負面情緒刺激比正面情緒刺激對我們有更大的影響力，會帶給我們自主感。這已經獲得證實。

步驟3——寫日記或向朋友傾吐可以幫助你將思想引導至更有凝聚力的事情。這是另一例子，顯示環繞你的思想創造一個敘事會有幫助。此舉可讓你的思想更有條理，不再無始無終地亂跑。

　　新出現的證據顯示，不搭理負面思想和將其從頭腦中的負面迴路轉移出來，可以顯著減少你對這些思想的記憶，讓它們變得較不生動和較不容易引起焦慮。

　　正如你在下圖中看到的，當我們想到話語時，我們大腦的許多區域都會被活化。但是，當我們將話語組織得較連貫和產生出來時，需要運用額葉皮質，而那是大腦中較具邏輯性的部分。早前我解釋過，額葉皮質負責較邏輯性的思考。這會動員大腦中較理性的部分，不需要情緒化的邊緣腦。在講述話語時，我們還用得著其他的腦區，這意謂著它們不會那麼隨意和混亂，而是較有指向性和凝聚性。

　　我想教你向別人講一個關於你故事，而這個故事比你對自己講的那個要好，因為你對自己講的故事可能非常畫地自限。我希望你重寫你的故事，以便你能夠把潛能盡情發揮。我們的思想無比強大，它們可以形塑我們的行為舉止。我們對自己的看法直接

思考話語　　　　　　　　　產生話語

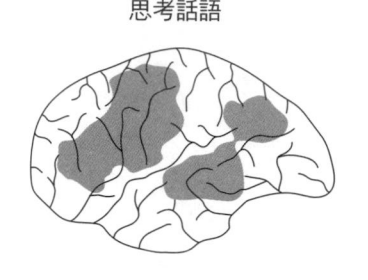
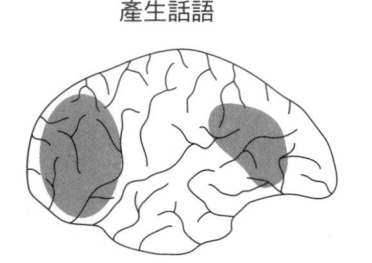

影響我們如何向別人和世界展現自己，進而影響別人如何看待我們。因此，如果我們持有畫地自限的信念或不斷地以負面方式對自己說話，我們不僅會阻礙自己，還會限制別人對我們的看法。我們都應該過著理直氣壯地行走和對自己感到自豪的生活。我希望你擺脫自己的頭腦，開始探索世界。當我們不斷擔心自己的外表、擔心別人如何看待我們或對自己有負面觀感時，我們就失去了真正看見周遭世界和專注於擴展心靈的能力。

　　對我們思想的力量最重要的研究之一，是帕斯誇爾・萊昂博士（Dr Pascual-Leone）主持的一項著名實驗，稱為「鋼琴實驗」。[33]受試者被分為3組：對照組、身體學習組和心理學習組。身體學習組被要求學習一首五指鋼琴練習曲，而心理練習組只需想像他們正在學習同樣的曲子，無須真正觸摸琴鍵。然而，研究者發現，兩組人都表現出相似的大腦可塑性活動，反映出大腦僅透過思考某件事就可以創造新的改變。心理練習組僅透過思想就在大腦中創造了新的路徑。

你對自己說的話決定了：

你的心情

你的真相

你的習慣

你的自我價值

你所吸引的人

人們如何看待你

你的身體語言

你將成為什麼樣的人

你的一天過得怎麼樣

你如何影響周圍的人

你看待朋友和家人的方式

▌問你自己這些問題

- 你反覆對自己講述並因此阻礙你表現傑出的是什麼故事？
- 你是如何的畫地為牢以致你的生活被困在四面牆壁之內？

這些故事的問題在於，它們不僅僅是我們頭腦中的文字。它們決定了我們一大部分的生活，並滲透到我們所做的每件事情裡去。

▌著名的奶昔實驗 [34]

2011 年，艾莉雅・克拉姆博士（Dr Alia Crum）主持了一項研究心態和信念的實驗，其結果嚇人一跳。她將受試者分為兩組。一組人拿到一張有巧克力聖代圖片的營養資訊表，上面形容這種奶昔肥膩濃郁，含有 620 卡路里。第二組被告知，他們喝的是一杯熱量明智的奶昔，含 140 卡路里，不會讓喝的人有罪惡感。總之，營養說明讓受試者相信他們喝的要麼是超高熱量的飲料，要麼是低脂和低糖的奶昔。研究者在兩組受試者中觀察到，他們對飢餓的生理反應發生了改變，乃致連荷爾蒙反應都改變了。這表示，他們的信念足以改變他們的生理機能。

喝濃郁奶昔的一組人在喝奶昔的一個半小時後，體內飢餓素含量較低。飢餓素會向大腦發出訊號，告訴當事人否飢餓。當你有一段時間沒吃東西，飢餓素水平會上升，以表示你應該盡快進

食。而在你吃了一頓大餐後，飢餓素水平會下降，以向身體發出
訊號，表示你不餓，需要消化食物。因此，飢餓素水平較低的放
縱組顯示他們飽足感較高，飢餓感較低。而喝明智熱量奶昔的一
組人在喝奶昔一個半小時後，血液系統中的飢餓素水平升高。這
表示他們對奶昔熱量的認知會影響他們喝完奶昔後多快會感到飢
餓。我想你能猜到我接下來要說什麼……對，兩種奶昔的卡路里
含量相同，都是380。

▌知覺和信念可以影響我們體驗周遭世界的方式

　　一項實驗[35]的受試者因為受到催眠，先是相信他們的食指
比平常小5倍，然後又相信他們的食指比平常大5倍。研究人員
在他們的手指上進行了兩次針刺。當他們被告知他們的手指比原
來大5倍時，他們感覺針刺的距離比實際遠。當他們被告知他們
的手指比原來小5倍時，他們無法區分兩個針刺點：隨著他們對
手指大小的知覺發生改變，他們區分這兩點的能力變差了。

<blockquote>
我們的信念可以改變我們對周遭世界的看法
和改變我們對它的詮釋。
</blockquote>

　　我希望這些知識能讓你體認到，你有能力控制自己的想法。
迄今為止，你向自己重複的一切都可能是你的童年經驗或外在影
響所偶然導致，它們強化了一系列的信念，而這些信念可能不是

你深深相信或想要的東西。你的信念可以改變你對周遭世界的看法和改變你對它的詮釋，而當你閱讀本書時，你將開始為自己接受一個新現實。我們準備要重新編寫你的故事。

▶重點重溫▶　你的思想的力量

- 思想可以在你的大腦中創造新的路徑，這可以加強或削弱你對自己的信念。
- 如果你持續挑剔自己，你就會不斷強化這些關於自己的信念。
- 想要改變這一點，我們可以動用所謂的「後設認知」能力，那是思考和觀察我們的思想的能力。
- 這可以幫助我們重新架構我們的思想。
- 思想占據了我們心靈的大量空間，反觀話語的產生要較困難，因為它使用我們大腦的較小部分。
- 因此，寫日記是極好的工具，可以幫助消除思想和信念中的情緒負擔。
- 你對自己說的話決定了你的情緒、你的習慣、你的身體語言和你向世界呈現自己的方式。
- 你是可以改變自己的。你固然已經養成了一些根深蒂固的頑劣行為，但我們知道，基於神經可塑性，我們是可以削弱溝通路徑，從而消除這些思維模式的。

死於千刀萬剮：
悄悄展開的常態

一個負面改變會被接受
是因為它出現得
極其緩慢

悄悄展開的常態
Creeping Normality

悄悄展開的常態：一種負面的和漸進的改變，
它會被接受是因為它發生得極其緩慢，
以至於被忽略。

　　我想要確認一些我認為我們談論得還不夠的事情，那就是悄悄展開的常態和微創傷（microtrauma）。很多人都對我說：「我的童年沒有那麼糟，不應該會有這種特殊的感覺。」但他們卻是在父母不斷爭吵的家庭中長大，要不就是他們的情感沒有得到認可，又或者是被唯一職責是保護他們的人拒絕。微創傷是指目前看來微不足道的小事件，因此會被放著不管或忽視。然而，假以時日，這些事件不斷累積，有可能對我們產生負面影響。當有人不斷批評你或對你的外表做出不著痕跡的負評時，也會出現這些情況。

　　這種行為的問題在於它永遠不會糟糕得讓你認為有必要加以干預，或值得你去改變。這些不著痕跡而有害的模式可能會很長時間被忽視，但它們會對我們的自我價值、焦慮和壓力產生長期影響。當我們想到創傷時，想到的是永遠改變我們的可怕事件或

暴力行為。但心理創傷也可能是由看似無害的小事件造成的，這些事件的重複發生，會對我們的心理健康造成累積後果並影響我們的思維方式，使我們容易患上精神疾病、自我價值低下和養成不健康的應對機制。

你不一定要經歷過一件重大創傷事件或來自破碎的家庭才會遍體鱗傷。有時，受到缺席父母的拒絕也會讓我們陷入求生狀態（state of survival），因為我們的安全需要沒有獲得滿足。有時我們父母雖然沒有大吼大叫，但我們卻聽到他們整天吵架。其他時候，你可能是在與手足相比時自慚形穢。我朋友薩曼莎在一個工人階級家庭長大，父母非常相愛，幾乎不會吵架，生活得快快樂樂。他們並不富裕，但每年有能力去度假一次。薩曼莎父母欠的抵押貸款很低，因為他們從小就懂得理財。但她姊姊瑪莎的學校成績總是比她好，而她們父母總是在比較她們，讓她有一種和瑪莎在競爭的感覺。父母也把她們歸類：「薩曼莎將成為職業舞者，她很有運動天分。瑪莎較聰明，更適合繼續念書。」薩曼莎果然成了舞者，但她本來也想上大學念建築系。她覺得自己會成為職業舞者是因為父母的期望：她本來只想把跳舞當作興趣。關於她應該是誰的信念是由她的家人早早塑造。他們不是壞人，也不知道自己正在形塑女兒的未來，但他們不斷強調她有跳舞的天分，又在她說出自己的感受時加以否定。他們非常想要女兒當舞者，以至於忘了考慮她是否樂意這樣做，反過來，她也相信自己除了跳舞其他什麼都做不好，用這種信念來形塑自己的生活。這對她做為一個人的信心和自主性造成了巨大的衝擊。她感覺自己被迫

做一些她不想做的事情,最終被困住。

我還有其他有類似擔憂的客戶。有個客戶的母親告訴她,她在學校表現不佳,也不太聰明。這位客戶後來成為了家庭主婦,甚至害怕參加我的團體輔導課程,因為她害怕會有考試或忘記所有上課內容。更糟的是,她擔心別的學員會表現得比她好(這課程其實沒有任何評分的設計)。她婚姻幸福,有幾個孩子,也喜歡現在的生活,但她總覺得自己本來可以做得更多。幸運地,她並沒有對此感到太沮喪,但一想到自己的人生軌跡沿著母親有意無意為她設定的目的地進發,她就有點抓狂。你做過類似的事多少次了?你有幾次因為你的潛意識信念而走上了一條特定的道路?

另一種打擊我們信心,並使我們陷入求生狀態的行為的是伴侶對我們的持續情緒虐待。他們可能不會在身體上虐待你,所以他們的行為受到忽略,永遠不會嚴重到引起你的擔心。但他們會對你或就你的外表說一些刻薄的話,會讓你感覺自己渺小,會透過說你反應過度否定你的感受。你會覺得衰弱,信心受打擊,總的來說會損害你建立健康關係和信任的能力。這種行為可能非常不著痕跡,以致你會懷疑自己是否有問題和胡思亂想,因為他們的行為永遠不會達到允許你將其列為危險的程度。所以它會慢慢滲入你的血管,就像滴注有毒廢物給你餵食,而等到你發現時,你已經中毒了。

「悄悄出現的常態」意謂著隨著時間的推移,你開始相信這是新常態。這種緩慢的改變並沒有被知覺為負面的,因此雖然你

對生活的知覺發生了改變，你卻沒有意識到自己完全改變了。一個小傷口不會太痛，但一千個傷口卻可以殺死你。

如果你就是這個樣子，你可能已經獲得了很多信念和寫下了關於自己的故事，但這故事不必然與真正的你一致，不必然與你想成為的人一致，不必然與你知道自己能成為的人一致。你透過早期的經驗形成這些故事，而這些經驗可能會對你的生活軌跡產生影響，強化特定的信念。你可能根據別人過去對你的評價形成一個有關自己的負面故事。這故事來自謊言、辱罵和羞慚。它不是有關真正的你。你說的故事是別人預先編好，但它真的是你的故事嗎？你想成為誰？實際上，當你有好好想，就會知道如果我們能夠擺脫我們歷史所決定的自動行為，我們就可以成為任何我們想成為的人。幸運的是，在大腦皮質褶皺深處，在顳葉和額葉之間，有一個叫島葉（insula）的部分，是一種負責有意識渴望的豌豆狀結構。它是大腦的一部分，雖然很小，卻可以引發一連串的情緒，要麼會讓你想要起而改變你的生活，要麼會讓你在破壞你的生活時心碎。你來這裡是因為你渴望對你反覆對自己述說的故事做點什麼。你來這裡是為了改變你的心靈和改寫你的故事，以便成為你想成為的人。

是什麼觸發這種渴望的？需要跨過多高的門檻才能對島葉產生夠大的刺激，讓你想要起而改變你的生活？我無法告訴你，也不確定其他人是否知道。那是一個觸發一系列序列的感官刺激嗎？是一首歌嗎？是一齣電影嗎？還是隨機的混沌（也稱為機率）。如果你有宗教信仰，你可能會將其歸因於上帝，但是，無

你改變了　　　　　　　　　我希望如此

論它是什麼，我希望它能激勵你成為你想成為的人。本書及其突出的科學將幫助你改寫這些故事，以便你可以開始向自己和世界述說一個更好的故事。

以下這些你維持了多年的想法可能已經
被你學會接受為新常態：

我很害羞。

我很懶。

我做不來那個。

我不值得被愛。

我不夠好，不足以⋯⋯

我們需要透過評估我們的價值觀和我們對自己的真實信念來重新考慮這些故事。

問答

你有哪些核心價值？

（勇敢、風趣、慷慨、正直、忠誠、創造力、好奇心、樂觀等）

_____

_____

你對「理想的人」的定義是什麼？

_____

_____

你和這個人有什麼共同點？

_____

_____

你倆有著相似的核心價值嗎？

_____

_____

你倆的最大差異何在？

_____

_____

通常，當我們在回答這些問題時，我們會開始意識到，我們所描述的「理想的人」某種程度上就是我們的自我（儘管未必是我們的實際自我）。就像聽到卡嗒一聲一樣，你大概會發現你比本來以為的和你的價值觀更一致。你一直過著預先編程的生活，而那是基於別人告訴你，你應該如何如何。但是，假設你擺脫了這些信念，開始過一種和真實的你一致的生活、過一種和你真正想成為的人一致的生活，會怎麼樣呢？你一直是你！你就是你心目中的「理想的人」。

所以，要是忘掉別人說過的話，要是忘掉你頭腦中一直維持著的謊言，你會是誰，你會想成為誰？

如果你願意，你是可以創造你自己的。無論想成為誰都可以。

▶重點重溫▶　悄悄展開的常態

- 悄悄展開的常態是一種負面的和漸進的改變，它會被接受是因為它發生得極其緩慢，以至於被忽略。
- 有時，我們會遇到一些小事件，而因為這些小事件在當時看來微不足道，因此會被放著不管或忽視。
- 假以時日，這些事件不斷累積，有可能對我們產生負面影響。
- 當有人不斷批評你或對你的外表做出不著痕跡的負評時，也會出現這些情況。
- 這些不著痕跡的改變有可能在自我信念中展現自己，所以你開始相信自己害羞、懶惰或不夠好。
- 重新與你的核心價值觀連接，弄清楚你真正的樣子。
- 你一直是你。

你的大腦喜歡自己意見正確
並懷有「確認偏誤」

如果你告訴自己今天過得很糟糕，
你就會花一整天時間尋找原因，
來解釋為什麼你這一天是注定倒楣。

我們反覆向自己述說的事情也是如此。

我沒有吸引力／我不夠好／我不聰明／沒人喜歡我

確認偏誤：
你相信什麼就會看見什麼
You'll See It When You Believe It

卡洛琳：「別馬上看過去，但吧檯那邊那個傢伙很可愛。」

露西亞以不顯眼的方式看了一眼，而可愛的傢伙也看到了她。現在兩個女孩對彼此咯咯的笑了起來……因為他的樣子真的可愛。

湯姆（可愛的傢伙）立即心想自己是哪裡不對勁。「她們是嘲笑我臉上的什麼東西嗎？」他問他的朋友。

這種情況讓湯姆失去安全感。他完全不明所以，認為她們一直都在察看他。

以下這些感覺都是你不陌生的：你走進一個房間時覺得每個人都在評斷你或談論你；你與同事談完話之後覺得你說了些蠢話，讓他們不喜歡你；當你的伴侶請一天休假時，你馬上認為這事情與你有關。這些看待事情的方式都是受你的信念驅策。

相反的，有時你會突然能夠脫身出來，從不同的角度看事情。那是你的「頓悟時刻」（aha moment）。在這種時刻中，你意識

到你一輩子都在和小丑約會，儘管你害怕小丑，也害怕觀看任何有小丑的恐怖電影。待你清醒過來後，你就會想：我這都是在幹什麼？嗯，別為此自責太深。身為人，我們會看到事情像我們相信的樣子。這就是你的大腦的奇妙之處：它可以幫助你生活在太虛幻境直到你最終看到一些真實的東西為止——然後你就再也無法看不見那東西。

▌你的大腦正在發生什麼事

我們大腦有一些儲存經驗、記憶和情景的模板。當我們過著日常生活時，大腦會不斷拿出舊的模板來核對新的經驗，以決定它們是否值得引起我們的有意識注意。這是由我之前提到的「顯著性網絡」管轄的。如果某件事情是以與一般情況相同的自動程度運作，那麼除非你重新導引思維並告訴自己這件事情重要，否則它只會被掠過。記憶模板的目的是確保人腦高效節能，而且如果目前的情境是大腦以前經歷過，就不會被編碼為新的記憶。

否則，如果你必須不斷檢查四周環境並確保一切都沒有問題，而且每天都以相同的方式行事，那麼，你到了中午便會非常疲倦。記憶模板系統會在潛意識層面上檢查一切，僅在有需要時才提醒你，要你注意。如果你以特定的觀點或偏見看事情，你就會在生活中牢記這塊模板，以你相信的方式看待事情。因此，如果你的前夫（或前妻）曾出軌，你就會有一塊模板告訴你，你現在的愛人也會如此，這樣的話，你就會用放大鏡去觀察對方的行

為，並發現果然是這樣。

再看看記憶模板的另一個例子。當你走路上班時，你不會去注意人行道上其他行人是否行為怪異。你也不會去檢查沿路的其他成分，例如路樹、垃圾箱、鳥類和汽車型號等。當然，如果你想要的話，你是可以對這一切投以注意，但這樣的話你必須告訴你的大腦，所有這些事情都是相關的。在大多數情況下，我們走路上班時形同靠著自動駕駛儀駕駛，不會多關注周圍的事物。如果你看到的一切與你在平常通勤時遇到的東西相當相似，那麼你的大腦也不會去製作新的記憶。與你走路相關的神經元活動模式被你大腦之前製作的記憶模板所覆蓋，沒有出現新的東西可以改變它。因此，沒有新的記憶被編碼，你的注意力集中在去上班、手機或前一天晚上與伴侶的爭吵上。

然而，如果你看到一個大沙灘球在同樣車來車往的馬路中央滾動，你的大腦便會注意到這一點，因為它與你大腦中的既有記憶模板有出入。這時，「顯著性網絡」會被活化，大腦會將看見的訊息傳遞到意識腦，讓你警覺起來。真夠怪的，繁忙的倫敦馬路上為什麼會有個沙灘球？同樣的，如果垃圾箱不是在它們應該擺出來的時候擺出來，或者有什麼東西像漂亮的大丹犬一樣吸引了你的注意力，那麼你也會從沉思中驚醒過來，對環境投以關注，並給眼前的事件製作新的記憶——若沙灘球引起了交通事故的話將更是如此。那是一幅非常不尋常的景象，因此會引起更高水平的正腎上腺素和乙醯膽鹼，而因為該景象極端重要，記憶的可塑性會更快和更容易地得到鞏固。

▍網狀活化系統

在導言中我簡單介紹過「網狀活化系統」。我指出，當你在咖啡店與朋友聊天時，可以選擇注意他們的話語或選擇注意咖啡店外的噪音。你有能力決定什麼是相干的，並將你的注意力像聚光燈一樣轉移到當前對你來說更相干的事情上。你是否有過這樣的經驗：當你想買一樣東西時，會突然發現到處都看見它們？例如，你本來覺得寶藍色的BMW非常獨特，但一旦你決定了要買一輛之後，卻到處都看到它們。就像在咖啡店裡與朋友聊天或無聊的早晨通勤一樣，你的大腦會過濾掉周圍環境中的影像和聲音，直到你賦予它們重要性為止。

研究表明，住在機場附近的父母能夠在夜間有飛機起飛時照樣熟睡，但如果他們的寶寶在隔壁房間動來動去，他們就會醒過來。他們的「網狀活化系統」從經驗學習到，飛機對他們來說並不重要，但嬰兒可能醒著卻是重要事情。

我還記得我到哈克尼區在姊姊的公寓小住的情形。倫敦住宅的特點是它們各有怪癖，而她家的煙霧偵測器每5分鐘就會發出兩次蜂鳴聲。有意思的是，當我向她抱怨這聲音有多煩人時，她根本不知道我在說什麼。什麼？我因為那煩人的嗶嗶聲整晚都沒睡好，她卻竟不知道我在說什麼！於是我只好把聲音來源指給她看。「啊，原來妳說那東西。我都忘記它了。」她會在小寶寶放屁時驚慌地醒來，卻聽不到臥室門外固定間歇發出的嗶嗶聲。但

理由正在於此：那嗶嗶聲是固定間歇發出的。從不知多久以前開始，嗶嗶聲就一直響著，所以她的頭腦已經學會過濾這聲音。這就像你在日常生活中學會從大腦過濾掉其他訊息一樣。這有點你是生活在「你自己的泡泡」中的味道。你的伴侶不是不忠，而只是你無法以其他方式看待他。但就像我們可以告訴大腦什麼是重要的一樣，我們也傾向於對其他行為這樣做。例如，你早上過得很糟糕，於是你告訴自己，今天一整天也一定倒楣。正如我說過的，大腦喜歡自己看法正確，所以當我們宣布「今天是有史以來最糟糕的一天」或「我不夠好」之類的事情時，它們就會變成自我實現的預言。你可能不是刻意這樣做，但你正在這樣做。找理由要證明你的伴侶不完全誠實也會有一樣後果。

▍「確認偏誤」

有時，我們的生活會受到記憶模板的控制，因此形成「確認偏誤」（confirmation bias）。「確認偏誤」指我們傾向於搜尋和回憶可以確認我們的信念或價值觀的資訊，或是往這個方向詮釋資訊。因此，如果是相信伴侶出軌，你可能會不斷尋找線索來證明你的伴侶對你愈來愈疏遠和不感興趣。

在80年代，研究人員進行了一系列有趣的實驗，說明我們的身體形象和偏見如何影響我們對自己的看法。其中一項研究要求受試者讓化妝師在臉上畫上疤痕，再去參加求職面試。[36] 受試者有所不知的是，傷疤在面試前已被移除，但他們仍表示在面試時感到不自在。研究強調了被知覺到的缺陷對自尊和行為的心

理影響。受試者有無力感，情緒煩憂和自卑。他們還報告說，面試官對他們表現出偏見，盯著他們的傷疤看，對他們粗魯無禮。

　　大多數時候，我們的行為都是無意識的，只有當我們意識到它們時，才可能意識到需要改變。因此，如果你進入會議室時缺乏自信，肩膀下垂，那麼你每次進入會議室時都會是這樣。如果你對自己重複一個信念，你的大腦會下意識地找出和這信念可吻合的記憶模板。你也會終其一生反覆確認這個偏見，因為大腦喜歡自己見解正確。

> 如果你告訴自己今天過得很糟糕，你的大腦
> 會找到方法來強化這種信念，而你會在這一天剩下的時間裡
> 尋到方法來證明今天很糟糕。

　　我們對負面的自我信念也是如此。當你相信自己沒價值、欠缺自信或對自己有負面的信念時，你的身體語言就會按照這信念行事。此外，大腦會將你的行為視為正常，停止對其投以關注。於是，在你意識到之前，你已經透過你所做的一切滾雪球般強化了你的負面自我信念。

　　如果你認為自己不配得到什麼，或者一輩子都相信自己沒吸引力或不聰明，你一定會找到方法來證明自己是對的。

　　有意思的是，研究顯示，人的受喜歡程度比他們自己以為的要高，儘管他們相信自己在社交時表現笨拙，不討人喜歡。[37] 改變我們的自我故事可以幫助我們改從其他角度看事情。那就是

我說過的「頓悟時刻」。再說一遍，這個世界（和住在其中的人們）大概並沒有搞陰謀對付你。

▌認知三角

認知三角（cognitive triangle）構成了「認知行為療法」（cognitive behavioural therapy, CBT）的基礎——這種療法透過改變你的思維和行為方式來幫助你管理你的問題。認知三角以圖形的方式呈現我們的思想、情緒和行為是如何相互影響。我們的想法會影響我們的感受，最終影響我們對處境的反應。

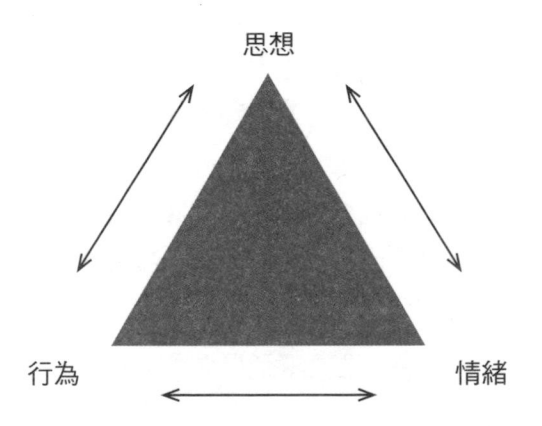

例如，你認為自己能力不夠，無法在即將要進行的簡報有好表現。你開始對簡報感到不安、緊張和焦慮。你的身體語言按這些情緒行事，結果你的簡報表現差勁。這可能會進一步助長你的「確認偏誤」，因為你的同事會看出你缺乏自信，所以這會對你的信念產生連鎖反應並進一步強化它。

　　神經可塑性定律顯示，我們是可以快速學會特定的行為或關聯。如果你反覆對自己說「我能力不夠好」、「沒有人喜歡我」或「我是個失敗者」之類的自我故事，那麼基於神經可塑性，你會強化這些信念。我們也看到過這些信念和想法是如何跟我們的行為、身體語言、我們吸引到生活中的事物、我們知覺世界的方式和我們試圖證明的「確認偏誤」捆綁在一起。這些自我信念讓我們被卡住，它們可以透過潛意識的展現方法決定我們的大部分生活。

　　你相信什麼就會看見什麼。當你內心深處相信什麼，它就會形塑你看世界的方式，形塑你在世界中的互動方式，以及形塑你對待周遭人的方式。它根據你向世界展示的身體語言來塑造你所吸引的東西。你會相信什麼就看見什麼，是因為我們所相信的事情會形塑我們所看見的事情。你有沒有想過你不是失敗者？有沒有想過你有能力實現你一直夢想的事情？

　　如果你改變你的故事，並設法尋找證據證明這個世界實際上並沒有搞陰謀對付你，反而是在與你合謀，以幫助你得到快樂和你想要的一切，那會有什麼後果？當你相信，你就會看出世界並沒有搞陰謀對付你。搞陰謀對付你的其實是你的大腦，它先是對你撒謊，然後尋找證據來強化這些謊言。是時候認清你自己了。是時候將所有舊東西提到檯面上，對它們投以注意，讓它們不能再自動在背景處運行，不為我們所知曉。是時候由我們自己來控制方向盤。換掉記憶模板吧。告訴我們的大腦，我們有一些新的和重要的事情需要思考：那就是這個改變和我們的舊模式。

在「負面偏見」中，你挑出這些偏見和負面信念並反覆咀嚼。為了讓你的自我故事看來可信，為了證明你不配擁有美好的生活，你對自己說過哪些謊言？

「直到你將無意識加以意識化之前，它會一直指引你的人生，而你會稱之為命運。」──卡爾‧榮格（Carl Jung）

▶重點重溫▶　確認偏誤：你相信什麼就會看見什麼

- 當你告訴自己今天過得很糟糕時，你的大腦會開始尋找東西來證明這是真的。

- 大腦中的網狀活化系統負責過濾掉不重要的資訊。

- 你所說的話和你所持有的信念會導致你尋找方法來確認你是對的。

- 所以當我們宣布「今天是有史以來最糟糕的一天」或「我不夠好」之類的事情時，它們就會變成自我實現的預言。

- 「確認偏誤」是我們解釋、搜尋和回憶資訊以確認我們先前的信念或價值觀的傾向。

- 你的思想、情緒和行為會相互影響。你的想法會影響你的感受，最終影響你對處境的反應。

- 當你內心深處相信什麼，它就會形塑你看世界的方式，形塑你在世界中的互動方式，以及形塑你對待周遭人的方式。

- 改變你的故事，並設法尋找證據證明這個世界實際上並沒有搞陰謀對付你，反而是在與你合謀，以幫助你得到快樂和你想要的一切。

悲傷：結束與失去

我們都曾經有所失去。可能是
因死亡或分手而失去某個人，
可能是失去一個夢想。
有時，失去也可能是
對你本該擁有的人生的哀悼。

失去和結束是悲傷的一種形式，
可能會導致一系列的問題，
包括失眠、憂鬱和自殺念頭。

結束、失去與悲傷
Endings, Loss and Grief

　　你有沒有曾經覺得自己心臟病發作，快要死了？你的心臟是痛得那麼的厲害，以至於你不知道自己是否能夠經歷劇痛和心碎還活著。這就是所謂的心碎症候群（broken-heart syndrome）。它是一種短暫的心臟疾病，症狀類似心臟病發作。此病來得非常突然，但你也可以很快恢復。

　　我記得，當我蜷縮在大學生醫實驗室地板上的時候，我害怕我快要死了。之前我從未聽說過心碎綜合症，但在那一刻，我知道自己不僅僅是恐慌發作。值得慶幸的是，我正在上生理學課，而負責教神經科學大一生的博士生是研究壓力與心臟。

　　當我反覆問他我是否要完蛋時，他說：「妳不會死的。」

　　我記得當時我想，我年紀輕輕，不會出現心臟病發作這種事。最終，我的心臟疼痛消退了。一位醫生對我進行診治，告訴了我心碎綜合症這種病：得病的人心臟會快速減弱，但卻是可逆轉的。其症狀類似心臟病發作，通常是由極度強烈的壓力引起的。在這次「心臟病發作」前幾分鐘，做為生理課的一部分，我們測量了我們的靜止心率（resting heart rates）*。我的心率始終保

持在每分鐘110下左右，所以同學都開玩笑說我快要自燃了。平時，我的靜止心率約為每分鐘55下。

你不必對心臟健康有多少知識，就能知道110下的靜止心率對一個健康的26歲人來說是很高和不正常的。當時我為了上大學而剛搬到一個新的城市居住，而我的男友在我到達後兩天便甩了我（他本來說好要來與我會合）。我很傷心。有很多事情需要我處理：一所新的學校、一個的新環境和在停學8年後重新接受全時間教育。我和前男友的關係極為不健康，分手也為我帶來創傷。我想從他那裡收回我的所有祕密，但我做不到，所以我的心暫時放棄了。我感到身體上的痛苦，哀悼為這個新開始而失去的一切：倫敦的生活、一群朋友和我的夢想，當然還有我原準備要與前男友一起養的狗。其實失去他對我是幸事，但我當時一點也不感激。

我開始思考我人生中經歷過的所有失去：家人、機會和我沒能進入醫學院的事實。我一輩子都以為我會去念醫學院；自從父親在我11歲去世之後，我就一直談論這件事，因為我向他承諾過我會學醫。我申請了無數次，每次都被棒喝——精確地說是挨了十一棒（你下次心情低落時可以想想我十一次被醫學院拒諸門外的事）。然而有一晚，當我躺在床上的時候，我得到一個大領悟：我內心深處並不是那麼想當醫生。我懷疑，那只是一個我長期以來反覆講述的自我故事，又因為講得太多而迷上，不是真的想以此為業。如果我真的成了醫生，我很肯定到最後我會專攻精

---

* 譯注：休息狀態時的心跳率。

神病學或神經學的領域，總之基本上一樣是在研究大腦。

我想起了我最好的朋友。當時，我和她已經永遠鬧翻了。我們絕交以後，我感到非常痛苦。人們很少把友誼的破裂當話題，但它們帶來的痛苦是真實的。當我和別人談論結束（endings）如何影響他們時，我開始了解到大多數人都在為一些什麼而悲傷。有些人為失去某個人而悲傷，有些人為失去機會而悲傷。他們也為他們沒能成為他們一直想成為的人，和沒有從事他們夢想的職業而悲傷。結束似乎對我們所有人都會造成傷害，而視乎失去的東西的不同，痛苦的程度可能會大相逕庭。有些失去是難以理解的（例如失去親人），有些則較容易應付。但無論如何，結束總是叫人痛苦。

結束可能會引起極度強烈的壓力和悲傷，從而導致一系列問題，包括失眠、憂鬱和自殺念頭。在我的情況，它們甚至導致了心臟病發作的感覺。研究顯示，大腦對失去的反應與對身體疼痛相同。[38]有些研究甚至表明，因失去而引起的疼痛與骨折的疼痛有相似之處。[39]

我們全都失去過一些什麼，可能是失去某個人，可能是失去一個夢想，可能是失去一份工作，甚至是為喬科維奇在溫布頓失利而若有所失。那感覺就像身處地獄：我們全都經歷過一種或另一種形式的地獄，只是遇到的魔鬼種類和地獄層次有所不同。

> 悲傷也意謂著對你本應擁有的生活和未來
> 感到悲傷。

　　從神經可塑性的角度來看，你的大腦必須重新適應一種全新的生活方式。隨著時間的推移，你所愛的人已經烙印到你大腦的神經元網絡中。你的神經元將你生活的某些方面與那個人聯繫了起來。你下班後，第一個反應是打電話給他們。當你聽到好消息，你的第一個想法就是轉身告訴他們。你的神經元放電模式按照它熟悉的順序運作。因此，當我們因死亡、分手或爭吵而失去某人時，可能會非常痛苦，因為我們不再看到、摸到那個人，或不再與對方談話，我們大腦的放電模式不再像以前那樣運作，而這對大腦來說可能會非常費力。當然，因某人死亡而失去某人，與因分手而失去對方，兩種失去的嚴重程度可能有很大不同，但無論是哪種方式，失去對每個人來說都是痛苦的。

　　其他類型的失去和悲傷也是類似的。如果你正準備實現一個夢想，例如考上醫學院、接受海軍陸戰隊訓練或犧牲社交生活以加入某個計畫，但最終失敗了，你一定會感到非常痛苦。

　　失去某物或某人可能會導致失眠，讓你熬夜思考和反芻自己本來可以採取哪些不同的做法。這種失去會增加你的壓力水平，讓你陷在求生模式的狀態中。它們會加強你的焦慮，甚至讓你感到憂鬱。如果你現在就是如此，雖然聽起來難以置信，但我保證會帶你度過難關。本章將為你提供應付結束的工具，以便你可以轉換到新的開始和更順利地改寫你的自我故事。

▍你的大腦正在發生什麼事

首先要明白的是，你的痛苦是真實的。研究顯示，當我們經歷失去時，負責疼痛處理和調節的大腦區域會變得活躍。[40] 這告訴我們，我們所感受到的痛苦不僅是精神上的，而且是身體上的。當我們感到疼痛，大腦中稱為「導水管周圍灰質」（periaqueductal gray）的區域就會活躍起來。該區域負責將正腎上腺素釋放到系統中，以抑制來自身體的訊號，從而提供鎮痛效果。正腎上腺素也負責減低大腦的警覺性，這警覺性可能會導致你無法入睡並讓你因疼痛而感到疲憊不堪。那是因為你的大腦正在努力抑制訊號，讓你比較好過。

其他活躍區域包括負責「自傳性記憶」的「後扣帶皮質」（posterior cingulate cortex）[41]，正因為這個緣故，悲傷和失去是我們最愛回憶的其中兩個主題。由於大腦的這個區域在處理失去和結束時占據主導地位，我們由此可以理解為什麼我們會像放電影一樣，在頭腦中一遍又一遍地重播往事。我們的記憶會變得更加生動和活躍，這就是為什麼我們傾向於陷入回憶的兔子洞，並想知道我們本來可以如何換個方式做事。我們常常會記住一個人或一件事的最小方面。這可能會非常痛苦，但它也可以成為幫助我們度過痛苦的宣洩經驗（cathartic experience）。我們應該欣賞大腦追憶往昔的能力，欣賞它找到方法來珍惜我們最終可能忘記的時刻。

「前扣帶皮質」（anterior cingulate）是我們的錯誤偵測區域。[42]

它透過偵測我們生活和任務中的錯誤來監控我們的表現，幫助我們為未來的問題找到更好的解決方案。這意謂著我們的大腦不斷尋找解決方案來解決你所遭受的結束，而你大概會不斷思考你本來應該怎樣做或能夠怎樣做。透過獲取這些知識，我們可以開始重新架構我們的行為，將其做為未來的有用工具。喬科維奇說過，他會利用自己的輸球和過去的經驗為未來做好更好的準備。當你的大腦使用先前的經驗來塑造你的世界時，我們稱此為「經驗依賴可塑性」（experience-dependent plasticity）。經歷過失去意謂著我們下次可以有更好的準備。

杏仁核的過度活躍是悲傷的另一個關鍵主題，這種類型的活動與情緒處理受損和憂鬱有關。杏仁核負責情緒處理和偵測恐懼及危險。這也會活化我們的壓力反應，導致我們的身體充滿壓力荷爾蒙，由此又可能會引起與悲傷相關的情緒反應和心理反應，例如睡眠障礙、食慾改變和情緒激發（emotional arousal）。此外，情緒腦會凌駕邏輯思維，讓我們按衝動行事。它會損害我們做決定的能力，因此我們可能會發現自己難以集中注意力和記住事情。除此之外，大腦中關係到動機和渴望的區域——分別是「腹側被蓋區」（ventral tegmental area）和「伏隔核」（nucleus accumbens）——也會活化起來。[43] 這在關係破裂期間可能會讓你想要按衝動行事，例如給前伴侶發簡訊、暗中偵察他們的情況，或者（這是更糟的）找理由騙自己說你們應該復合。

失去和結束之所以令人痛苦，除了是因為我們失去了一些什麼，還是因為我們的慣例、習慣、自動反應和自動行為不再管用。

你本來一聽到好消息就會想打電話告訴某個人。你本來每天早上都為某個人煮咖啡。但這些現在都因為你們的分手而改變了。同樣情況也適用於失去心愛者以外的情況。如果你失業了，你每天的生活將會變得大為不同：你不再需要通勤，只能悶悶不樂地留在家裡找工作。

當我們經歷失去時，我們的神經元放電方式會發生巨大的改變；大腦本來利用記憶來預測我們應該如何度過一天，但它現在卻需要適應新的現實，以跟上生活中發生的事件。我們的自動性要求我們起床，煮杯咖啡然後去上班。如果我們不再那樣做，感覺會很奇怪。舒適感和熟悉感的喪失讓我們陷入了恐懼地域，我們需要重新探索這片地域，另外設法克服它帶來的痛苦。但隨著時間的推移，大腦會開始適應和重組，去接受一種少了「失去之物」的生活。那時你會開始感受到一種接納感。恩待自己吧。感謝你自己是人類，能夠什麼都體驗過。我會握著你的手度過這一切：我們會渡過難關的。

結束和失去的神經化學解決方案

當我們失去某人或某物時，讓我們大腦感覺良好的神經傳導物質——如催產素（oxytocin）、多巴胺、血清素（serotonin）和內啡肽（endorphin）——往往會下降。這讓我們感到焦慮、沮喪和孤立。我們的大腦會找到方法設法取代些神經化學物質，但我們選擇如何補充我們的資源對於我們的療癒至關重要。我們可以採取積極、健康的應對策略，也可以透過不健康的行為來延長我們

的慘狀（這些行為會阻礙我們回復清晰和獲得緩解）。

　　以下我們討論一些可以幫助我們走過失去和結束的干預措施。

▌多巴胺

　　當我們經歷結束或失去時，由於大腦獎勵系統的活動減少，以前能令人愉快的活動可能會變得不那麼有吸引力。失去的程度嚴重的話，可能會導致「失樂」（anhedonia），即失去體驗快感的能力。在經驗結束和失去時，動機和激發（arousal）也可能會受到影響，讓我們沒有動力去從事日常活動──我們雖明知這些活動有助於改善心情，但卻提不起勁走出家門。重要的是要明白，這些感覺是暫時的，只要透過適當的治療干預，我們就可以對失去釋懷，最終回到能夠帶給我們愉快的活動中去。

　　多巴胺活動受損可能會促使我們從事衝動行為，例如在線上大血拚、在社群媒體上追蹤前伴侶，或拚命尋找新資訊來幫助你解答一直試圖解答的問題。例如，你設法查出你前伴侶的新伴侶有沒有帶著兩家人一起去度假，以了解他們的感情的認真程度。如果你正在經歷分手，那麼，與獲得快樂的動機相關的獎勵途徑會欺騙你，讓你相信你需要給對方發簡訊或打電話，以獲得多巴胺刺激。如果你沒有得到夢寐以求的工作，你可能會想辦法查出搶了你工作的人是誰。

　　這些都是可以理解的行為，重要的是要承認它們是以多巴胺活動為基礎，是試圖獲得讓自己感覺更好的資訊。你的大腦本質上正處於戒斷期，正在尋找取代神經化學物質的方法。因此，

有些人可能會求助於毒品、酒精和其他成癮行為來滿足對多巴胺的需求。毒品是一個可理解的選擇，因為它們還可以幫助我們從我們的感受和從現實世界中分離出來，這樣我們就可以麻木掉痛苦，在一段時間之內感受不到情緒苦惱。不過，待我們清醒過來和多巴胺消退後，便會想起我們仍然處於痛苦之中，由此被推向充滿憂鬱和絕望的更低一層地獄。毒品效力的消退和悲傷的雙重作用讓人更傾向於重複同樣的行為，最終形成以控制不了的癮頭來換取舒解的惡性循環。

雖然似乎很難激勵自己做一些較有正面獎勵性的事情（例如運動或訪友），但明智的做法是從事較正面的行為來釋放多巴胺，而不是如上面提到的沉迷網上血拼或搜集資訊。運動有助於釋放多巴胺，並可做為悲傷期間的適應性應對機制。它可以改善你的情緒和減輕壓力。投入這樣的活動看似是不可能的，但你有很多選項。

從你覺得舒服的事做起。你可以在家中做伸展操或跟著影片做運動。或者，你可以培養能讓你感到滿足的新嗜好，例如彈鋼琴或編織。或者你可能喜歡在家中烘焙和烹飪。你也可以來些更大動作的活動，例如學習武術或健行。不管是什麼，我鼓勵你做一些可以改善你的多巴胺水平和情緒的事情。我非常不相信追蹤你前伴侶的新伴侶會讓你喜歡自己。

增加多巴胺的方法

投入獎勵性活動，

即便你因為多巴胺水平低落而缺乏動機，

可能會驅使你投入較不正面的行為

以尋求舒解。

▍血清素

血清素負責情緒調節，有助於防止強烈的情緒波動。當我們經歷失去時，血清素水平的紊亂可能會導致情緒紊亂，例如悲傷加劇，但更重要的是它會加劇強迫性思想、易怒和負面思想。這可能會導致我們陷入反芻沉思和看似無法控制的躁動。

血清素可調節大腦各個部分之間的溝通，當它不平衡時，會損害調節思想和情緒的各個大腦區域的功能。這時，我們的情緒腦會凌駕理性思維，讓我們傾向於按衝動行事，就像失去了控制一樣。

當我們經歷一段困難時期時，睡眠可能會受到損害，而雖然我建議想辦法睡好，但我完全知道這有時有多困難。非常需要一提的是，當我們經歷失去和結束時，我們往往會變得晚睡，從而主動損害我們的睡眠衛生。我們可以設法透過建立健康的睡眠習慣來奪回控制權。你會在「階段3」讀到這方面的好建議。

色胺酸（tryptophan）是製造血清素的基本成分，可以從食物中獲得。增加攝取色胺酸含量高的食物（見第228頁）可幫助補充血清素產生所需的物質。

增加血清素的方法：

做運動

曬太陽

沐浴在大自然中

良好的睡眠衛生

吃色胺酸含量高的食物

正念與冥想

從事讓我們感覺良好的溫和活動

▌催產素

催產素通常被稱為「愛情荷爾蒙」或「結合荷爾蒙」。它參與各種社會和情感過程，包括促進配對、信任和同理心。當你擁抱你所愛的人時，這種荷爾蒙會讓你感到溫暖和頭昏昏。除了負責浪漫愛情，它還負責維持群體內成員間的聯繫，讓人對群體外的人心存偏見。換言之，催產素負責決定誰屬於你的親密群體，誰不屬於其中。

儘管催產素通常被稱為愛情荷爾蒙，但根據最近的研究，它也是一種「危機荷爾蒙」。一項研究顯示，在關係不穩定和苦惱的時候，催產素會增加。研究人員發現，對愛情投注更多的人在想起自己的愛人時會釋放更多的催產素。[44]這解釋了當我們分手或失去某人時，我們會強烈地希望繼續在一起。催產素會給你一種想要與你無法再聯繫的人建立聯繫的感覺。如果你正在經歷分手之痛，那麼，一直關注對方，甚至與他們進行接觸，都會拖慢復元的過程。

> 催產素是一種化學結合劑，
> 而治癒分離的唯一方法是時間。
> 大腦需要時間來解除先前建立的紐帶。

如果你正在經歷親人離世之痛，你當然不會想解除任何紐帶，但你需要時間才能允許其他人進入你的生活。你需要時間來

讓這些紐帶的意義發生改變。如果你以這種方式失去某個人，很難想像痛苦的感覺可以永遠消失，但隨著時間的推移，我們會開始在對那個人的記憶中建立新的經驗。我們永遠不會忘記他們，而我們不應該像分手時那樣設法忘記他們，但總有一天你會開始釋懷一些。你的人生將圍繞著對你失去的人的記憶而成長，並繼續被形塑。當你開始體驗自己的快樂和目標時，你的大腦將以尊榮他們的方式建立新的路徑和關聯。假以時日，你將會就你是誰的問題創造出新的敘事，而你賦予人生的意義將有助於你理解失落和悲傷。這個敘事將決定你的人生走向和死者對你是什麼意義，而你將在邁向未來的同時尊榮過去。失去某人意謂著你失去了自己的一小部分，但有朝一日，你會建立一個新的故事和身分。

如果你失去的是一個夢想，就需要時間來重新調校自己，以找出一個新的目標。階段 3 將討論失敗心態和成長型心態。但就目前，我希望你記住，你的大腦雖然正在承受痛苦，但它卻在為未來建立韌性。不要讓信心的打擊把你打垮。你的大腦是一部非凡且適應性強的機器，能處理的事情比你以為的要多得多。

無論你正在承受失去什麼之痛，為了幫助復元，你必須創造一種安全感和舒適感。特別是在其他人（朋友、家人、支持團體或治療）的支持下，這樣做可以幫助我們釋放催產素，而催產素會讓我們產生連結感和支持感，有助減輕我們的孤單和苦惱。這就像在你周圍創造一個可以挨靠的軟墊。處理失去之痛時，你的大腦隨時間的推移會開始用新的意義和經驗重組自己。

身為人，我們需要感到被需要。親近你的朋友和親人會有所

幫助，但不要為了感覺被某人需要而陷入毫無意義的關係中。那樣的話，你可能會得到暫時的舒解，但最終會再次感到空虛。我的建議是斷絕你與前伴侶、前上司或任何對你沒有好處的「舊人」的所有聯繫。設法建立有價值的關係。這些關係可能是浪漫的，也可能不是，但總之它們要能夠讓你對自己感覺良好，會幫助你向前進而不是扯你後腿。

增加催產素的方法

透過有意義的連結

以及透過有意義且深入的談話

▍內啡肽和內源性大麻素

內啡肽和內源性大麻素（endocannabinoid）是體內產生的天然止痛藥。它們是在壓力、運動、疼痛和其他活動（例如笑和哭）時釋放的。「內啡肽」一詞的意思是「內源性嗎啡」，因為它在體內具有類似嗎啡的作用。除了能麻木疼痛之外，它還可以促進幸福感和欣快感，創造出快樂、獎勵和舒緩的感覺。

悲傷和失去的最大後果之一，是讓我們的身體進入低電量模式。我的建議是使用「階段1：打破循環」中介紹的自我照顧工具，並結合這裡介紹的工具。你會發現它們有很大的重疊部分，工具之間相互融合。例如，我在第一章談到了嗜好，又在這一章建議投入嗜好和做運動。我知道很多人都把做運動視為畏途。階

段3（題為「你的肌肉直接與你的大腦溝通」）更詳細地討論了做運動，它可以幫助人理解做運動為什麼那麼有益。但如果你不想做運動，我會建議你參加可讓你微笑的社交活動。你也可以去看一齣讓你有感的電影，或一部有關地球的紀錄片。大衛・艾登堡爵士（Sir David Attenborough）*總是知道怎樣逗人微笑。

---

* 譯注：著名地球生命紀錄片製作人。

如何釋放更多的內啡肽和內源性大麻素：

做運動

跑步

做伸展操

唱歌跳舞

常笑和常與人互動

洗桑拿和泡熱水澡

如何處理結束和失去

　　情緒表達是處理結束和失去的最佳方法之一。研究顯示，透過藝術和創造性來表達自己，可以幫助我們發展出管理悲傷的應對機制。[45]

　　當我再次接觸芭蕾舞和重頭學起時，我24歲。我小時候在學校學過一點芭蕾舞，但開始受到霸凌後就退學了。當我搬到新城市，失去了我的人際關係、失去了我在倫敦的生活和失去了當醫生的夢想之後，我又回到芭蕾的懷抱。舞蹈給了我一個出口，讓我能夠表達在創造新生活時失去的所有東西。你一定看過這樣的電影：主角歷盡滄桑，但最終安然無恙。我就是這麼感覺的。藝術讓我們有機會擺脫反芻性的黑暗思想和強烈的感情。藝術使我們能夠從不同的角度看事情。

　　喬治‧麥可（George Michael）在愛人安塞爾莫‧費萊帕（Anselmo Feleppa）和母親雙雙死於癌症後，寫出了專輯《歷久彌堅》（Older）。《歷久彌堅》是喬治‧麥可在他的職業生涯中最強而有力的聲明之一，因為透過歌詞，他向世人公開了他的性取向。1993年當費萊帕去世時，麥可覺得自己似乎再也找不到創造力和靈感了，因為他沉浸在悲傷之中。費萊帕去世不到一年，麥可坐在諾丁山公寓的鋼琴前，震驚地發現自己在短短兩小時內寫出了整首民謠〈耶穌對一個孩子〉（Jesus To A Child）。歌詞講述了他和費萊帕的祕密關係。一星期後，他在MTV歐洲音樂獎上演唱了這首歌。專輯《歷久彌堅》的有趣之處在於，在它以憂鬱和悲

傷為主的情緒中，有幾首歌曲是比較歡愉和快樂的，例如〈速食愛情〉（Fastlove）和〈旋轉輪子〉（Spinning The Wheel）。這顯示，悲傷並不排斥玩心和另一個看事情的角度。

我相信我們每個人身上都有一位藝術家，而雖然不是所有人都像喬治·麥可一樣有才華，但我們斷然可以設法從我們的悲傷中創造一些東西。方法可能是繪畫，又或是寫一首歌。我在悲傷期間會跳芭蕾舞。

表達自己的方式
跳舞／唱歌／寫詩／創作藝術／
做剪貼簿／寫日記／投入嗜好／
繪畫／玩樂器／學樂器

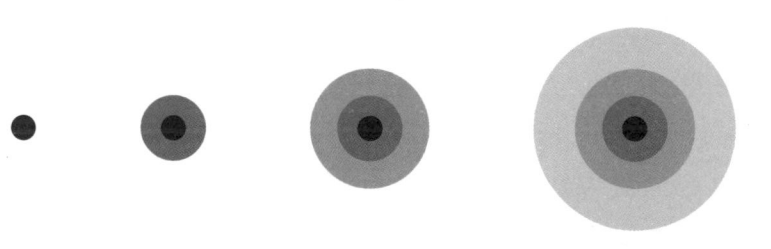

假以時日，大腦會環繞悲傷重組自己，
接受一種少了「失去之物」的生活。

▌舒適感

身為人，我們需要感到安全。安全是我們最基本的需要之一。當我們的基本需要得不到滿足時，可能會對我們的身體、情緒和心理健康產生重大和有害的影響。基本需要是我們生存和整體健康所必需的基本要求。當我們的安全需要因我們在物理環境或情緒環境中感到不安全而無法被滿足時，我們可能會經驗到強烈的壓力、焦慮和恐懼，從而引起與壓力相關的慢性健康問題。

結束和失去確實會擾亂我們對安全的基本要求。因此，我的建議是加強那些能帶給你安全感的事情。

- 社群支援
- 待在家中的舒適圈
- 與朋友和家人住在一起
- 打電話給朋友和家人
- 財務安全
- 喪親支援
- 心理健康支援
- 寫日記
- 維持常規慣例
- 求取專業協助
- 自我照顧
- 多與理解你和有同理心的人來往

• 少接觸麻木不仁或不能為你提供支援的人

記住，要從失去之痛中復元是一個需要時間的過程，你在過程中的感覺並無對錯可言。當你設法走出你的感受和努力重新獲得安全感時，尋求別人幫助並無不妥。

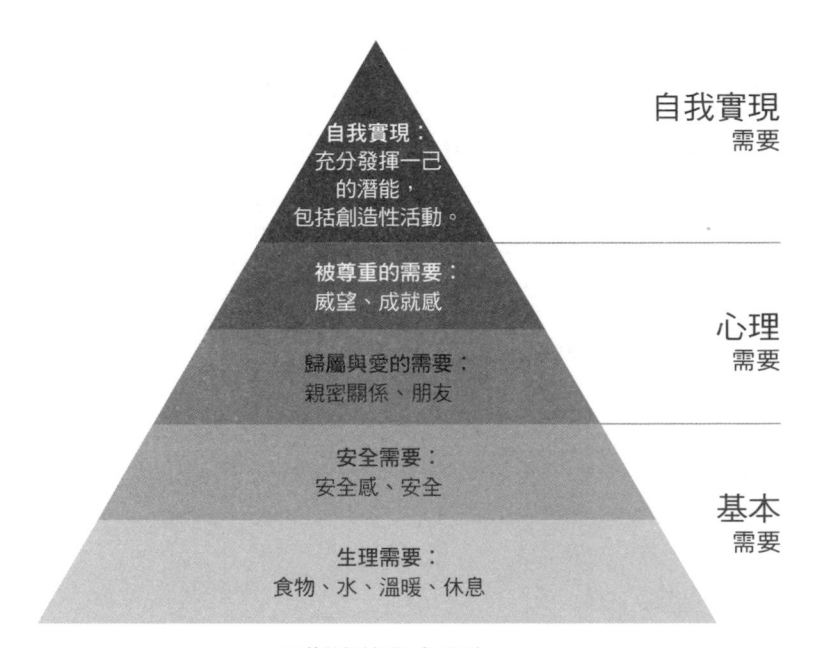

馬斯洛的需求層次

你的大腦會自行重組以適應新的現實，
你會慢慢開始接受你有所失去的事實。

▶重點重溫▶　結束、失去與悲傷

- 研究顯示，大腦對失去的反應與對身體疼痛相同。有些研究甚至表明，因失去而引起的疼痛與骨折的疼痛有相似之處。
- 有些人為失去某個人而悲傷，有些人為失去機會而悲傷。
- 結束可能會引起極度強烈的壓力和悲傷，從而導致一系列問題，包括失眠、憂鬱和自殺念頭。
- 從神經可塑性的角度來看，你的大腦必須重新適應一種全新的生活方式。
- 失去某物或某人可能會導致失眠，讓你熬夜思考和反芻自己本來可以採取哪些不同的做法。
- 杏仁核的過度活躍與情緒處理的受損和憂鬱有關。
- 情緒中樞的過度活躍可能會蒙蔽邏輯思維，使我們按衝動行事。
- 分手時，大腦中與動機和渴望相關的區域會更加活躍。這可能會讓你想要按衝動行事，例如給前伴侶發簡訊、暗中偵察他們的情況，或者（這是更糟的）找理由騙自己說你們應該復合。
- 失去和結束之所以令人痛苦，除了是我們失去了一些什麼，還因為我們的慣例、習慣、自動反應和自動行為不再管用。
- 減輕失去和悲傷症狀的工具：參見第138頁。

神經工具包：
如何擺脫負面情緒

NeuroToolkit :
How to Ditch the Negative

　　神經可塑性定律指出，當一個神經元在特定時間範圍內驅動另一個神經元的活動時，兩個神經元的連結會變得相互關聯且加強。這表示，你極有可能學會將一些特定的想法相關聯，從而讓「觸發原因」（triggers）和事件透過神經元關聯性將你帶入一個反芻性深淵。道德的神經基礎仍然是一個研究中的主題。然而，我們確實知道，無論某些行為在社會和道德上是對的還是錯的，你的大腦都會偏好因重複而強化的路徑。然而，「觸發原因」不一定是負面的。例如，一個常見的情況是，你更傾向於從辦公室直接去健身房而不是先回家再去健身房。又或者，你有一些朋友對你有正面的影響，讓你對自己的感覺很好。一個觸發原因本質上是一個提醒我們做某事的提示（cue）。這些提示可以是環境的、社會的、感官的、與時間相依的（time-dependent），或是由一件先前事件推動的等等。因為本練習的目的使然，我們將集中談負面

的「觸發原因」。但在這樣做之前，我想先談談重複和可塑性變化的關聯。

將神經可塑性

分解為最基本的元素，便是：

重複＋注意力＋刻意＝持久的改變

我用偉大籃球員科比・布萊恩（Kobe Bryant）為我的狗命名。原因之一是我的狗科比就像布萊恩一樣喜歡球。布萊恩是我的一大鼓舞，也是各行各業許多其他人的鼓舞。他以有著令人難以置信的職業倫理，以致力提高籃球技能而聞名。據傳他在職業生涯中每天都會投球數百次甚至數千次，在休賽期和年輕時尤其如此。不過，他每天的確切投籃次數根據消息來源的不同和他職業生涯的具體時間而有所不同。在一個故事中，科比的教練在球隊練習前看到他滿頭大汗，獨自一人在球場上。教練對此感到震驚，問布萊恩什麼時候完成訓練，他回答說：「啊，剛剛。我想要投 800 球。對，就是剛剛完成。」布萊恩想要在球隊練習前投籃 800 次。

接受另一次採訪時，布萊恩表示，他青少年時期每天投籃 1,000 次。他看來是隨著年齡的增長和經驗的增加而調整自己的訓練。真是這樣的話，他一開始是每天投籃 1,000 次，然後下降為每天 800 次，而這讓他成為有史以來最成功的籃球員之一。這一點顯示出重複的力量。布萊恩刻意練習投籃，直到他的大腦變

得自動化。當他決定何時以及如何將球投進籃框時，心理捷徑為他做出潛意識的決定，從而縮短決策過程。這過程深深根植於他的神經元模式：它必須測量和判斷籃框距離多遠，決定他的運動反應，以確保他以正確的速度和正確的方向把球投出，好讓球可以落在籃框中。看著布萊恩這樣傑出的球員打球時，我們從不會考慮到他頭腦中發生的過程有多麼複雜。涉及其中的所有神經元通訊都是以光速進行，以確保他的下肢邁出足夠的步數，同時他的上半身以適當的力量和精確度射籃，以獲得另一分。

我只笨手笨腳打過幾次籃球。每次球落在我手中而我又必須投籃時，我都會陷入極度恐慌，所以是每投必落空。感覺上我就像必須判斷好一百件事情才可能正確投籃。我最近參加了網球課程，以糾正我做為自學業餘愛好者所犯的一大推錯誤。但我在打網球時遇到的情況和我打籃球時候相似。為了可以把球擊過網，不讓教練再次以失望的語氣大喊：「拜託，妮可！」我需要考慮很多事情。我知道，反覆練習到了某個階段，當球接近我時，我所做的決定將透過心理捷徑達成而不需要那麼意識化。我的大腦和身體將根據先前烙印的經驗自動做出決定。但在那之前，網球對我來說是精神上的鍛煉多於身體上的鍛煉。這個說法說明了許多事情，因為每次在網球課接受過魔鬼訓練之後，我都舉步維艱，一回到家裡就倒在沙發上。

布萊恩不需要東想西想，因為他的大腦在不知不覺中已經自動地知道如何處理任何投籃機會。他投出的每一球都是經過深思熟慮。他每天練習，日復一日地重複同樣的苦差事。他的成功

公式是：重複（每天投籃800次）＋注意力（每天全神貫注投球）
＋刻意（每天為了成功而刻意投籃）＝一個不可思議的球員。

　　現在想想你每天出現多少次的負面意念。2020年一份聲望
崇高的期刊登出的一篇研究顯示，我們平均每分鐘出現6.5個意
念左右。[46]如果你每晚睡8小時，則每天出現的意念便是6,000
個左右。當然，這個數字可能會因人而異，而且那只是一篇論文
的說法，但不管怎樣，它仍然為進一步的研究開啟了先河。無論
如何，我們每天本來就會出現一大堆意念。所以，如果布萊恩因
為每天投籃800次而成為最偉大的籃球員之一，那麼請想一想，
你因為重複而變得有多麼擅長於自我挑剔和專注於生活中所有負
面事情。我提這個並不是想要讓你覺得重組大腦路徑的過程無比
艱難，而是希望它能激勵你停止不斷挑剔自己。我希望它能激勵
你停止專注於生活中所有負面的事情，讓你可以停止重複這種模
式，不再進一步鞏固它。如果你習慣對「觸發原因」做出負面反
應，那我會再說一遍：你的大腦不知道對錯，它只知道透過重複
可以讓特定的路徑得到加強。「觸發原因」和反應暫時固然可能
是負面的，但正如我們可以為負面反應建立強有力的關聯一樣，
我們也可以在正面反應之間建立強有力的關聯，這樣，我們就可
以像布萊恩一樣生活，確保我們的成功之路的暢通。

　　辨識「觸發原因」很重要，因為我們的大腦喜歡在它的舒適
圈內保持主控權。當這些「觸發原因」出現時，如果我們已經考
慮到它們並為它們做好了準備，就能更好地處理它們，不會被自
動行為所主宰，然後事後又為這些行為自責。

「刺激和反應之間有一個空間。在該空間裡，
我們有自由和權力可以選擇一種反應方式。
我們的反應方式寄託著我們的成長與幸福。」──佚名

通常，提示是你環境中的某些事物或你看到或感覺到的事物，然後它觸發一個慣性行為，而該行為會因為受到獎勵而得到強化。這就是你的一般性習慣迴路。但這些提示也可能觸發我們產生某種特定的感受，讓我們陷入負面思想的漩渦。因此，為了這下一個練習之所需，我將會指出導致我們產生負面習慣或負面思想的提示。

如何利用神經可塑性定律來停止反芻性沉思

讓我們來分解一下

1.來自環境的訊號（提示）

你的周遭環境會影響你的習慣、行為和行動。例如，你通常不會想喝蘇打水，但當你走進餐廳的那一刻，首先想到的就是點一杯健怡可樂。或者，你在上班時大概喝更多咖啡，因為那裡免費。你所處的環境會提示你的大腦想要那些你在家時平常不會想要的東西。

你能辨識出觸發你反芻的環境提示嗎？

2.社交場合與環境

社交提示（social cue）可以是你的同伴或你所處的社交環境。你可能有一群對你有正面影響的朋友，還有一個你想和他一起去酒吧的朋友。你可能有一個壞朋友，他會讓你想要說別人閒話，或者讓你與他在一起的時候覺得自己是垃圾。

你能辨識出觸發你反芻的社交提示嗎？

3.感覺和感官觸發原因

你可能會被你看到的東西觸發。例如,當你在 IG 上看到其他人的身體和旅行的照片後,你可能會做出負面比較,從而陷入反芻。在社群媒體充斥著別人有多美、多帥、多成功的影像的今日,我認為這種提示是引發反芻的最強大驅動因素之一。

你能辨識出觸發你反芻的感官線索嗎?

4、錯誤的時間,正確的地點 (與時間依存的提示)

這是另一種很常見的提示。我認識的很多人都說他們在要睡覺前最容易陷入反芻。那些努力戒菸戒酒的人也有類似情形:每天到了下午六點鐘,他們想要抽菸或喝酒的衝動就會變得難以忍受。你的大腦可能與這些提示的其中一些建立了關聯,而這些提示導致你陷入反芻的習慣。好消息是,因為我們擁有可塑性大腦的關係,這些關聯和反芻性思想都可以透過破壞放電模式來消除。

破壞放電模式

既然已經辨識出引發你反芻的潛在觸發原因，我們現在可以著手破壞這些放電模式。很多時候，這些思想是自動發生的，是無意識或不自覺地做為一種反射動作、先天過程或根深蒂固的習慣而發生的。換言之，你的神經元在你甚至沒有意識到的情況下按照習慣的順序放電，將你的信念和思想持久化，然後這些信念和思想又決定你如何對待生活。

你的神經工具包

步驟 1：承認並了解大腦所做的事

當你發現自己在反芻，第一步就是承認它正在發生，而你和你的大腦沒有任何不妥。它只是在做它最熟悉的事情。

身為成年人，想要在神經學層面上有所改變，我們需要兩樣事情：注意力和刻意。在導言中，我們指出過兒童的大腦可以輕易做出改變，但成年人想要改變，便需要告訴大腦什麼是重要的。「網狀活化系統」和「顯著性網絡」這兩個腦區負責確保我們把聚光燈打在對我們重要的事情上。注意力指我們正在告訴大腦這行為是我們不想要的，我們想要把它改掉。刻意是指投入努力去改變，好讓我們能重組大腦的線路，不再老是挑剔自己。我們可以選擇將注意力放在哪裡，也可以選擇要專注在哪些資訊上。大腦能夠在做到這一點的同時，抑制不相關或競爭性的干擾。

承認我們擁有這種力量可以讓我們如釋重負，因為我們常常相信我們是任何生起的意念的產物，會被意念趕著跑。但我們是有能力改變這個的。承認這一點，並承認你的大腦只是在做它長期以來最熟悉的事情。

不過，是時候改變了。
你是可以改變的，而且一定會改變。

▍步驟2：利用提示和觸發原因做出改變

曉得大腦需要提示和觸發原因來提醒我們去做事情，意謂著可以把這個機制挪過來為我們所用。

先想著你想要建立的正面習慣或行為。然後，我建議採取「生理性嘆息」（見第42頁）。如果用「生理性嘆息」來攔截負面意念，將削弱相關聯神經元的放電模式。當你破壞了放電模式後，就可以開始拆除它。透過用新的正面習慣打斷意念，我們可以用負面意念來提醒我們新的習慣。

這可以讓你把負面的東西轉變為正面的東西。

反芻時因為處於高度情緒激動狀態，你會難以清晰地思考。這時我們的情緒腦占據了支配地位，而負責進行分析性判斷和事實性判斷的新皮質則退居二線。這樣，強烈的情緒會驅動感情，你的敘事可能被誇大。「生理性嘆息」可幫助你把神經系統調節

回到平靜的狀態，讓你能夠以較冷靜的頭腦分析你的意念。

步驟3：意念分析：反思與重新架構

　　情緒對我們的思考和決策方式有重大影響。你可曾因為討厭自己所有衣服和認為穿在你身上的所有衣服都很難看而拒絕參加派對？我記得自己因為這種想法爆發過幾次。這是我們的情緒腦在作怪。通常，你後來重看照片，會發現你的衣服並不像你想像的那麼可怕。你的負面自言自語和信念可能會導致你誤解周圍世界的訊息。所以，用由事實性證據和非情緒性證據驅動的邏輯思考狀態來回應和反思你的想法很重要。

　　在你感覺不那麼情緒化時反思你的意念是重要的一步。因為這表示，由於你以更理性的態度對待處境，你也開始關注自己的真相。這時，你的額葉皮質會較活躍，讓邊緣系統無法支配你的決策。當將來出現負面意念時，你將更有能力處理它們，較可能以較快速度回復到邏輯狀態中。透過更理性地評估我們的意念，我們開始透過後設認知將它們錨定在自我引導的東西上，而不是被卡在一個無條理的和圍著你的頭腦打轉的循環中。

寫日記

　　另一個可以讓思想和情感清晰的重要工具是寫日記，這已經得到科學的很好證實。假以時日，寫日記有助於減輕情緒負擔和減低反芻思想的頻率。這是因為我們寫日記時必須使用完整的句子，與我們反芻時的情形很不同。

　　寫日記還可以幫助我們針對讓我們不安的問題創造一個敘事，而這是創造一個敘事可以很有用的完美例子。用連貫的敘事寫出一些東西讓我們可以聚焦在生活的正面面向，同時有助於減少焦慮、反芻和負面自言自語時的情緒負擔。寫日記還可以活化大腦中與產生話語相關的區域，使我們的思維模式遠離「預設模式網絡」，因為它需要更多的能量和動員更大的大腦網絡。

　　透過書寫，我們開始外化反芻思想，讓它們更可被管理，這又讓我們更容易對治它們。寫日記讓我們能夠在一個受控的環境中面對自己的想法和感受，這比持續不斷地處於焦慮或反芻的背景噪音之下較不那麼讓人透不過氣。

▍步驟 4：不要自責

　　當我與布朗大學一位研究成癮的精神科醫生交談時，他告訴我，改變任何行為最重要的一步是，不要因為做了自己想要改掉的壞習慣而自責。那樣做的話，你會開始反芻。這毫無幫助，因為首先，如果自責有幫助的話，我們就根本不會有任何負面習慣：我們在第一次自責時便已經把習慣改掉。其次，它會讓事情變得更糟，因為當我們自責，會讓自己產生一種對處境的控制感，從而進一步強化該行為。潛意識裡你知道你不需要著手解決這個問題，因為你大可以把事情做了之後再來自責。創造對處境的控制感會活化我們大腦的獎勵中樞，讓我們暫時感覺良好，但並不能解決根本問題。最後，你沒有改變任何事情，因為你是在反芻你在反芻的事實，所以你只是在原地踏步，試圖控制它但實

際上卻一事無成。

你應該改為怎樣做？

賈德醫生（Dr Jud）*建議你應該改為分析你的意念。了解為什麼你會被觸發去做那些負面的事情，可以幫助你更有效地應對這些觸發因素。

我們已經討論過大腦的「負面偏見」，以及我們如何傾向於避開負面訊息和不從自責之類的負增強（negative reinforcement）中學習。我們也學到了，重複負面意念會導致凍結反應（freeze response），使我們陷入重複循環而不是解決問題。因此，自責是不起作用的。

科學顯示，在嘗試做出改變時，使用正增強（positive reinforcement）是最好的選擇。應該承認自己取得的小勝利並恭喜自己。由於我們傾向於關注負面事情，因此有時會看不出來自己已經大有進步。但是，透過慶祝我們的小勝利和避免自責看來可以活化獎勵中樞，從而有助於鞏固新的行為。

---

* 譯注：前面提到的布朗大學的精神科醫生。

你可以問自己的問題

你對自己說的這些話是真話嗎？

如果它們是真話，你能改變它們嗎？

如果你無法改變它們，你能接受它們嗎？

如果你感到焦慮，你的身體想告訴你什麼？

如果你感到悲傷，你能夠同情自己嗎？

這個想法是否可以幫助你下決心
採取有效行動以求改變？

現在你可以聚焦在哪些新故事或想法？

你如何以不同的方式看待這一點？

你可以從這些想法拿走什麼？

你可以採取哪些步驟來確保你不再有這種感覺？

是不是僅僅因為你在社群媒體上
將自己與別人進行比較，就表示你比較差？

你能夠停止比較，對自己懷有同情心
和對已經擁有的東西抱持感激之情嗎？

2

改變你的敘事
Shift Your Narrative

回顧過去對學習有利。過去能帶給我們教益，
但對其念茲在茲並沒有好處。
應該向前朝生命的方向看去。

重組你的潛意識

1. 擱下你的手機

2. 視覺化想像與注意力

3. 重複

4. 騰出空間

5. 突破界限

6. 制定策略和為遇到挫折做好準備

7. 跨越恐懼與征服自我破壞

生命（名詞）

將動物和植物與無機物區分開來的狀態，包括生長、繁殖、功能活動和在死亡前持續變化的能力。

你看，根據定義，我們生來就是要演化的：死亡前持續變化。然則，你是什麼時候開始相信這不可能的？我們擁有成長的能力是一個不爭的生命事實。

生命是我們必須書寫的一個故事。創造它。不要安於現狀。

「階段2」有創造你想要的生命所需的所有工具。

如何重組你的潛意識的連結：

據估計，你大部分的腦部（約90%）
都是無意識地運作，
驅動著你的每日行動與決定。

重組你的潛意識

Rewire Your Subconscious

　　我們的大腦大部分都是在潛意識的層面運作，這表示我們是處於自動駕駛狀態，不會有意識地思考。你不會每分鐘吩咐你的心臟跳動，不會刻意交代自己眨眼和吞嚥，也不會去想當你在電腦前面工作或準備考試時怎樣交叉雙腿。你亦不會去注意自己的言行舉止。當你第一次學開車，你會非常自覺你的行為，會不斷注意後視鏡和你的盲點，但到最後，當你重複這些動作的次數已足夠多時，當你應該踩下哪一個踏板已成為自動的行為時，你幾乎是下意識地在這樣做。這是好事，因為如果我們必須不斷關注我們所做的每件事，那麼我們到了午餐時間就會精疲力盡。幾乎你的所有想法、行動和決定都是潛意識地在大腦的不同區域進行的。你重複過很多次的行動和想法會變成是自動的。你的大腦不斷在潛意識層面為你做出決定，靠對比先前的經驗來決定最佳的行動方案。先前談論「經驗依賴可塑性」（experience-dependent plasticity）時，我們已經提到過這一點。這是大腦根據你與環境互動的方式微調它的連結和功能的能力。還記得導言中談到你的大腦如何根據你的經驗創建一個資訊數據庫嗎？你的潛意識大腦是

一個機率和結果的網絡，當你需要問題的解決方案時，它會快速檢查可能的演算法以獲得結果。

你的習慣和行為也是同樣情形。它們都是被預先編程的，而如果你是個喜歡對自己複述負面敘事的人，那麼基於你的內在信念，這將驅動的許多日常行為。如果你被家人和同儕看扁，或因為虐待關係（abusive relationship）而失去信心，那我向你保證，只要你想要，一定可以衝破藩籬。我們是可以改變我們的敘事，是可以改變那些潛意識的行為，這樣，我們就可以自信和有把握地走進房間，不再害羞和擔憂。

但我想提出一個觀念供你參考。如果你的大腦已經基於你的經驗而建立了一個完整的資訊數據庫，那麼當我們第三次、第四次或第五次經歷某件事時，我們難道不應當給予我們的大腦更多一點的信賴嗎？例如，當你剛開始線上約會時，你會因為不知道如何處理沒有被邀請外出的被拒絕感，感覺自己像個菜鳥，但了到第二次、第三次或第四次時，你應該知道事情就是這樣，理論上應該有能力應付。然而，因為傾向於關注負面面向，我們常常認為問題出在我們自己。但如果我們將其視為可教導我們處理處境的另一項資訊會如何？我們難道不是可以從中學到一些東西，以便下次我們能夠更有韌性嗎？你能把這個想法應用到生活的其他領域嗎？

1. 擱下你的手機

Leave Your Phone Alone

春季大掃除

我們每天吸收的資訊對我們有很大的影響。我們當中的許多人主要透過社群媒體獲取這些資訊，但它們也可以是來自其他種類的媒體，包括你觀看的電視節目和你閱讀的雜誌。不幸的是，許多這些管道經常傳播有害訊息，讓人對自己看起來應該是什麼樣子、或應該取得什麼成就有不切實際的期望。儘管我們閱讀的內容對我們影響重大，但好消息是，在某種程度上，我們可以控制我們閱讀的內容，只專注於鼓舞人心的內容，而不理會對自我形象不利的內容。

根據美國非營利組織「常識媒體」（Common Sense Media）在2018年所做的調查，七成少年表示當他們看到有人在網路上發布線上活動而沒邀他們參加時，會感到被排斥。研究顯示，每天在社群媒體上耗兩個多小時的年輕人出現社會孤立感的可能性，是每天使用社群媒體不到30分鐘的年輕人的兩倍。[47]另一項研究發現，與每天使用社群媒體少於一小時的年輕人相比，每天在社群媒體上花費三個或更多小時的年輕人更有可能出現嚴重的憂鬱症狀。[48]美國心理學會（APA）在同年進行的一項調查發現，四成

五的受訪者表示他們因為在社群媒體看到別人的生活而焦慮。又根據「美國國家睡眠基金會」（National Sleep Foundation, NSF）在 2021 年的數據，六成七的美國人表示在睡前使用社群媒體之類電子設備讓他們睡眠品質不佳。總之，多項研究皆表明，大量使用社群媒體與憂鬱、焦慮、孤獨、自殘甚至自殺念頭的增加密切相關。

　　如果你在社群媒體上追蹤的帳號讓你對自己感覺不好、讓你想著你沒有的東西或讓你負面地自言自語，那麼我建議你不要再閱讀或追蹤這些帳號。應該對任何會導致你進行比較，或讓你對自己產生負面感覺的東西都敬而遠之。我們應該控制影響我們精神狀態的因素。

　　這並不是說社群媒體的所有內容都會對我們產生負面影響。例如，如果你不會受影響，那不需要取消追蹤那些展示不切實際身體和無法實現生活方式的人。我唯一的建議是，你要仔細注意你正在閱讀的內容，因為它在我們有意識或無意識地知覺世界時有著很大的影響。

取消追蹤	追蹤
那些會讓你進行比較的帳號	那些你會對自己感覺良好的帳號
那些會助長你負面自我信念的品牌／帳號	那些會教你不要負面地自言自語的品牌／帳號
那些會觸發負面思想的帳號	那些有助識別觸發原因的帳號
那些會強化你對自己的負面信念的帳號	那些會強化你對自己的正面信念的帳號

▎不要一起床就用手機

在從睡眠到清醒的過渡期間，我們的大腦處於放鬆的精神狀態。當你更加覺察周圍的環境時，你的大腦逐漸從較慢的腦電波轉變為較高的大腦頻率，但仍處於某種昏昏欲睡或放鬆的狀態。你會發現你處於一種較夢幻、冥想性和創造性的心靈狀態，打開了一個充滿可能性的世界。[49]但如果早上第一件事就是拿起手機，你就會跳過這種重要而美妙的大腦狀態。既然你一整天都將會在滑手機，為什麼不好好利用早晨這個平靜安寧的特殊時刻呢？

查看手機，讓自己暴露在大量資訊和通知，可能會破壞剛起床的放鬆狀態，讓你的大腦進入較警覺和受刺激的模式。早上先不滑手機，可以讓我們在一天開始前有時間進行正念、內省或反思，與處於夢幻般的清醒狀態保持一致。把瀏覽負面消息（doom-scrolling）做為一天做的第一件事，會助長早早尋求獎勵的行為（reward-seeking behaviour）。[50]這樣的話，你會在一天的其餘時間都追求快速獎勵，以至於在有需要時（例如在工作或與朋友喝咖啡交談時）更難保持良好的手機衛生習慣。進行不會立即使用手機的早晨例行活動，可以讓你以更輕鬆和專注的方式開始新的一天。此外，過度使用社群媒體可能會讓你的大腦超載。持續不斷的更新和通知會對你的大腦產生負面的心理影響。如果我們將大腦能量視為腦力貨幣，那麼你本質上是在早早花用它，並冒著一天中剩餘時間出現認知超載（cognitive overload）的風險。為什麼不

推遲這些效應呢？

　　重要的是，要慎選我們早上接觸到的訊息和刺激，因為它們可以塑造我們一天的心態和展望。這是一天之中利用大腦的這種易受暗示狀態進行冥想或其他正念練習——例如，即將討論的「視覺化想像」（visualization）——的最佳時機，從而為接下來的一天設定正面的基調和意向。

2. 視覺化想像與注意力

Visualization & Attention

　　美國游泳選手暨28枚奧運獎牌得主麥可・菲爾普斯（Michael Phelps）在11歲時開始視覺化想像。當時，他的老師對他在課堂上無法集中注意力感到生氣，對他的未來不抱希望。但麥可有幸得到鮑伯・波曼（Bob Bowman）擔任游泳教練，他給了麥可母子一本講放鬆技巧的書。

　　麥可很快就學會了視覺化想像，這讓他整體上更加冷靜，但更重要的是，他也學會了視覺化地想像自己是個更好和更快的泳手。他會想像自己有多麼希望在比賽日出賽，想像自己在每場比賽都表現出色，能夠在壓力下保持自信。但更重要的是，麥可也會想像事情變得糟糕的可能，因為不是一切事情在任何時間都是操之在我。他會彷如親臨這些情景，並問自己「萬一情況進展不順利怎麼辦？」之類的問題。這讓他能夠以平靜的心情參加比賽，因為他已經想像過所有的可能性和結果，不會在遇到意外狀況時陣腳大亂。記住，大腦喜歡處於掌控，而焦慮是由於無法控制某些情況而產生的。透過在心裡彩排這些結果，他就能為一天遇到的任何事情做好準備。他的教練甚至說：「當麥可站起來要

去參加世界錦標賽或奧運會時，他已經在腦海中游過那場比賽數百次了。」

麥可·菲爾普斯在職業生涯中使用的視覺化想像技巧讓他成為有史以來最好的泳手之一。15歲時，他打破拉爾夫·弗拉納根（Ralph Flanagan）在1932年創下的紀錄，成為了取得美國奧運游泳隊選手資格的最年輕男性泳手。他打破了世界紀錄，並保持著在一屆奧運會中贏得8枚金牌的歷史紀錄。談到心理訓練和視覺化想像時，他的教練說麥可是他見過做得最好的。

請耐心聽我講另一個關於喬科維奇的故事，我想你八成已經意識到他是我最喜歡的運動員之一。他也談到視覺化想像。喬科維奇利用心理練習來想像比賽的結果。喬科維奇最讓我喜歡的是他在整個職業生涯發生的轉變。很多人都認為他在球場上傲慢、粗魯無禮和脾氣暴躁，或者至少認為他以前是這樣，無法改變這種觀感。但喬科維奇曾公開討論他在球場上的憤怒，並採取了諸如正念和視覺化想像等練習來獲取內心的平靜，善用的精神力量來為他的比賽帶來好處。專業教練們相信所有頂尖運動員都具備從事特定運動項目的身體能力。他們都練習相同的擊球。他們的訓練量都是一樣的，而且都非常努力。但最優秀的人之所以比其他人更好，是因為他們有精神力量去突破自己的界限。他們強化自己的思想而不僅僅是他們的身體，以提高他們的比賽水平，以表現得比競爭對手更好。

當我們將大腦帶至平靜和放鬆的狀態時，特別是如果我們能夠「深入」至冥想／自我催眠或視覺化想像，我們的大腦就可以

達到α波和θ波。這兩種腦波與大腦易於學習和形成新連結的狀態有關。在這種狀態下，浮想聯翩消失了，你清楚知道自己想要達成什麼改變。在這種狀態下，大腦可能會對創建和加強突觸連結採較開放態度，從而這可能有助於學習和適應的過程。*

視覺化想像的科學

在「階段1」，你明白了注意力對產生改變的重要性。你也明白了我們思想的力量和它們如何引發可塑性變化。鋼琴實驗（第99頁）顯示了僅憑思想就可以創造新的路徑。奶昔實驗和壓力重新架構研究（第101頁與第102頁）顯示我們對某些事情的知覺和信念可以影響我們的生理機能。這些實驗皆表明我們的信念極其重要，表明這些信念可以產生生理反應並使我們表現出與原來不同的反應（甚至連我們的荷爾蒙反應亦會有所不同）。既然我們的思想如此強大，而我們又知道它們可以引發可塑性改變，那麼你應該開始明白視覺化想像何以是追求改變的一種有效方法。

視覺化想像是一種現在愈來愈流行的技術，但它是自1984年的奧運會開始被用於體育運動的學習中。許多運動員，其中包括菲爾普斯和喬科維奇，都會想像在比賽中取得勝利，並利用心理影像來制約大腦以獲得成功的結果。研究顯示，他們刺激的腦

---

* 〔作者注〕然而，值得注意的是，神經可塑性可以發生在各種腦波頻率下，不限於α和θ狀態。神經可塑性是一個可受多種因素影響的複雜過程，這些因素包括腦波狀態、活動或經驗的性質、重複和個體差異。

區與身體執行相同運動時所刺激的腦區相同。[51] 在心裡重複彩排你的表現，會讓這些動作在你的腦海中形成習慣。[52] 如果你已經想像過要執行某件事，那麼以後執行起來會更容易。我喜歡稱之為「視覺化心理訓練」（visualization mental training）。就像在體能訓練中我們透過重複運動可以讓我們的肌肉和心血管系統更強健，我們也可以透過心理訓練增強大腦採取特定行為的能力和改善基於學習的結果。

視覺化想像需要與現實世界的體驗結合，換言之，你不能只在心裡彩排某件事而不在現實生活中執行它，因為視覺化想像不能取代真實的體驗，否則它們就只是思想。[53] 心理彩排和實際執行需要同時進行，才能發揮作用。例如，你想在早上上班前跑步，但你總是在早上鬧鐘響後把它改為貪睡模式。避免這種情況的方法之一是前一晚在心裡彩排你的動作。你在心裡預演早上鬧鐘響時不要把它改為貪睡模式：你也要採排你知道自己早上會很累，想多睡一下子。我們需要考慮到這些情況，而不是假裝它們不會發生。然後你可以想像自己起了床，昏昏沉沉，想要回去睡覺，但你堅持住，起床穿衣服。到了早上，你就得執行這些動作，否則你就是白彩排了。即使你從不走出家門，但進行心理彩排直到影像結束（穿衣服）也意謂著事件的序列最終會更加強烈。然後你可以在序列中增加項目：穿好衣服後戴上耳機、選擇音樂和啟動跑步應用程序，然後去打開門和離開家裡。

將視覺化想像和注意力搭配起來

你需要每天專注在你想要改變的事情上，否則你的大腦就會倒退回到心理捷徑去，落入反芻和負面自言自語的陷阱，因為這是你的大腦長期以來反覆做的事情。

在你的一天中添加一段心理訓練時間（最好是在早上），可以幫助你相應地做好當天要做的事務。例如，要對治畫地自限的信念和低自尊，可以彩排昂首挺胸地走進房間／咖啡店／會議室。也可以用這種方法來讓你在簡報／求職面試之前保持冷靜，又或者用它來讓你接受某種損失。例如，如果你正處於分手，可以在心裡彩排不去查看對方的社群媒體或不給他們發簡訊，而是在出現這些衝動時做其他事情。也會有幫助的做法是在心裡彩排你此刻很傷心，但知道自己最終會好起來。我們絕不應該試圖壓抑我們的實際感受，而是應該理解和重新架構我們的心態，提醒自己，我們會沒事的。不要放大負面的想法，例如說「我永遠不會再墜入愛河」、「我永遠不會再找到喜歡我的缺點的人」或「我將永遠孤單」。這些想法沒有任何幫助，反會讓我們陷入低自尊的陷阱。相反地，我們應該告訴自己，我們的感覺固然很糟糕，但應該合乎實際地看待情況。我們真的不會再碰到情投合意的人了嗎？想到這種可能當然會讓人害怕，但其發生的可能性很低。它也許會發生，但我們不可以反覆這樣想，特別是如果我們希望見到不同結果的話。我們會將我們的信念帶入感情關係中，在我們受到傷害和背叛的時候特別是如此。如果你把這種信念帶入一

段新感情中，你便會相信這段感情注定失敗，而對方也一定會欺騙你。這樣，你會開始尋找不存在的東西，因而嚇壞對方並讓他們反感，甚至可能迫使他們為了讓你開心而對你撒謊。現在你有了一個自我實現的預言，因為他們撒謊是為了讓你開心，但你知道他們在撒謊，所以鬱鬱不樂，如此，你們的感情最後便毀了。我們的信念、心理彩排（視覺化想像）、記憶模板、負面偏見和注意力偏見（網狀活化系統和我們選擇看到的東西）會共同作用，形塑我們與世界的互動方式，因此，我們對自己複述的故事異常強大有力，必須十二萬分注意我們對自己說的話正在塑造著什麼樣的自我實現預言。

創造任何機會的第一步是承認。承認會將你想要改變的潛意識敘事帶入你的有意識的思想中，好讓你可以著手改變它。有時，我們複述這些事情的次數是那麼的多，以致它們成為背景的一部分，形成根深蒂固的習慣，乃至我們都忘了自己說過。你甚至可能不再相信它們，但它們仍然是你每日為之的習慣，會強化你的行動。

┃ 患有失語症的人怎麼樣？

患有失語症（aphantasia）的人會缺乏在頭腦中形成心理影像的能力。大多數人閉上眼睛之後可以看到心理影像，但失語症患者依賴其他認知過程來表象和理解訊息。這些人在進行視覺化想像時可能不涉及生動的心理影像，但仍然可以透過其他方式進行。

- 不要嘗試視覺化一個影像，改為專注於文字和口頭描述。你可以用日記中的重點來規畫你的一天。
- 使用心智圖（mind map）或圖表來組織和表示資訊。例如，你可以在你的日記中使用色塊來做提醒和視覺呈現。
- 就你想要視覺化想像的事情創造一個敘事或故事。你可以把它寫下來或大聲說出來。

問答

你認為你有哪些地方需要改變？

_____

_____

寫下一天中最適合你進行視覺化想像的時間。

_____

_____

你想視覺化地想像些什麼？

_____

_____

注意你那些快樂的時光。你做對了什麼？

_____

_____

你有哪些習慣？你是怎樣展開你的一天？你周圍有誰？

_____

_____

　　你在網上也可以找到冥想或視覺化想像的指引，還有許多這
方面的應用程式可供使用。

3. 重複

Repetition

　　我常常被問及，人想要改頭換面地改變需要多少時間。答案是18到256天不等。聽到這個你可能會洩氣，但我是想讓你明白，你要做到的不是件一時的事情。你想得到的是一個全新的你，一個長期的改變，它將消除多年來由負面信念支持的一切。你要做的是拆除同儕加諸你的定見和你在長大過程中從家人耳濡目染養成的有害特徵，並消除那些降低你自尊的微創傷和貶低。這不是個只為期三星期的轉變，而是會持續你的終生。

小習慣

將變成大習慣，

為你的美好未來鋪平道路，

最終成為你之所以為你的原因。

　　為了加強一條路徑和創造一種新的思想或行為，相互溝通的神經元需要在很短的時間內同時放電，以確保它們「配對」起來，彼此的連結變得更強。它們還需要反覆相互溝通以形成「紐帶」。

它們這樣做是因為當一個神經元愈多向另一個神經元發送訊息，接收神經元（receiving neuron）對訊息的接收會愈好，而假以時日，它們的溝通會愈發有效。重複是為習慣、行為和思考模式創造新路徑的最重要方面。

然而，想要達成改變的難處在於，你通常只能堅持幾天，因為到了第五天、第六天或第七天，你的大腦會厭倦將這些訊息一直保留在你的意識思維中，想要恢復到原來的自動化狀態，好讓自己更節能有效。這就是為什麼設定每日的提醒和意向是很好的策略。

記住，一起放電的神經元會彼此連結。

如何透過重複來實現這種變化

每天早晨起床後進行冥想

與志同道合的人在一起

創立具有共同目標的早晨或晚上例行活動支持團體

與一個朋友保持聯繫

與一個教練保持聯繫

將其納入你的日記

下定決心

自我催眠

4. 騰出空間

Make Space

    隨著時間的推移，「觸發原因」和反應（response）之間的空間會變得愈來愈大，最終，在這個空間中，你將做出改變你的自動反應（reaction）的決定。那空間是暫停（pause），是你做出自動反應的一刻。這是改變你的行動方向和大腦放電方式的機會。起初這個反應是立即的，就好像你無法控制它一樣，但是你愈注意它，你愈開始觀察它，空間就會變得愈大。在這個空間中，你會開始發現你可以選擇如何反應。

    2023 年 5 月，我搬到一個新的國家。一切都讓人透不過氣。所有路標都是以一種新的語言書寫。我不再感覺我的車像是我身體的延伸，因為我行駛在馬路的相反方向。我的記憶模板與周遭的一切皆不吻合，我的大腦處於持續警覺狀態，會攝入一切的訊息，感覺做每一個決定都得刻意為之。我在換檔時甚至需要苦苦思索。我的右手不習慣做這件事情：它過去都是不假思索地完成。毫不誇張地說，我處於加倍努力運作狀態。我感覺得到自己對幾乎所有微微不對頭的事情都有負面反應。但我堅決堅持到底。我不能讓這些被壓得透不過氣的感覺占據主導地位，當然更

不希望它成為一種習慣。

最近，我站在健身房的接待員面前。當時離我那會大汗淋漓的動感單車課上課只剩3分鐘，而她告訴我只能用硬幣從自動販賣機買水。這肯定是不對的吧？我能感覺到我的情緒在湧動，隨時就要爆發。但我卻按下「暫停」按鈕，將腦中的通訊暫時止住。我抑制住兩個想輪流放電讓我脾氣發作的神經元*，花了一點時間做決定。感覺上我正在為火車軌進行轉軌，要將有潛在出軌可能的火車導回正軌。我微笑著對接待員說：「我們有可能就這件事找到解決方案嗎？或許妳可以把收銀機裡的硬幣借給我，記下這帳，我明天再還妳？」

觸發原因和反應之間的空間正在變得愈來愈大。我正站在我有兩條路可走的十字路口上觀察：我要麼可以選擇對接待員感到惱火和破口大罵，要麼選擇理解自動販賣機的工作方式不是她的錯。

我人生的最大的座右銘是「要解決方案而不要製造問題」。我相信任何問題都有解決的方法，雖則有時解決方法是接受現實和淡然處之。

觸發原因和反應之間的間隔會隨著時間的推移而加大，直到你打破原有模式和做出有意識的決定來重新架構它為止。如果這情況沒有立即發生，請不要擔心：我們常常會在沒有太多有意識決定的情況下自我糾正我們的行為。大腦有一種承認錯誤的非凡

---

*〔作者注〕這是一個誇張的說法：能驅使我脾氣發作的不僅僅是只有兩個神經元。

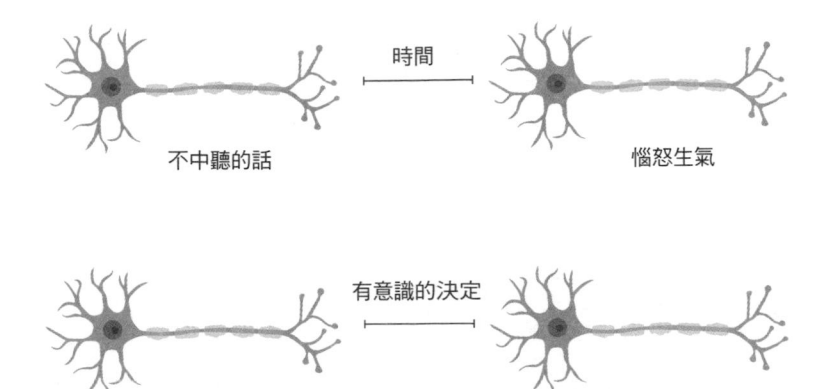

方式，會利用這些錯誤為未來的規畫給新資訊編碼。再一次，這要歸功於「經驗依賴可塑性」和我們透過承認大腦中的錯誤進行自我糾正的能力。這意謂著，慢慢地，當你愈來愈注意自己的行為時，觸發原因和反應之間的空間就會變得更大。這不會發生在一夜之間，所以如果你的反應是反彈（reaction）而不是回應，不要自責。當你完成這些步驟時，解決方案將變得更加明顯。

如何騰出空間

生活中保持耐心

觀察你的自動反應

採取生理性嘆息

建立自我催眠習慣

騰出時間冥想

5. 突破界限
Push Through the Boundaries

你有多少次開始了一個新習慣，卻到了第三週後又回復原來的模樣？有時這是一個有意識的決定，有時則是你甚至沒有意識到，直到你的頭再次撞牆為止。這是很常見的，因為這個新旅程的動機和新穎性對起初的部分來說是新鮮的，但自此之後就會變弱，而大腦也會恢復做它最熟悉的事。如果把你的大腦比作一片廣闊的原野，則可以說你的新習慣和行為還沒有形成路徑。與之相比，你的舊習慣是一條漂亮的混凝土路，兩旁設有路燈和花壇。反觀你的新習慣卻是什麼都沒有，充其量只是一條土路。你必須創建路徑。你必須鋪設混凝土塊，種植鮮花，讓旅程變得容易和有吸引力。但當你感到疲倦或開始忘記它時，你的大腦就會想回到它最熟悉的道路上。

突破界限，可說是任何習慣改變或行為改變想要取得成功的最重要步驟之一。不可避免地，到了一個時間，你一定會想要放棄改變，回到舒適的狀態，即使那令人舒適的東西不是好東西。這是人們會維持毒性關係（toxic relationship）的原因之一，也是出自暴虐家庭的人會重複暴虐模式的原因之一。突破界限是堅持下

183

去的想法。你會感到疲倦，你會失去動機，但知道這一點讓我們得到加持，能夠不斷做出正面的改變，因為我們知道事情會變得愈來愈容易。換言之，你需要依靠紀律而不是動機來度過這段時期。

隨著時間的推移，動機可能會減弱，但紀律才是讓你堅持下去的動力。人們常常過度強調動機，當動機消失時通常會放棄。承認它會在某個階段消失，讓我們有力量更專注於紀律和一貫性。你的大腦正在消耗大量能量來嘗試實施新的改變，因此你可能需要調整你的日程安排，剔除不重要的事情來騰出更多的心理空間。首先，重視睡眠品質會有幫助。我們在「階段3」對此會有更多著墨，但重要的是要了解到，睡眠是你最大的優化工具（optimization tool）。我們所有的新記憶和學習都會在睡眠期間得到鞏固。此外，如果你睡眠不足，你更有可能陷入反芻、易怒和負面地自言自語的舊模式。所以睡眠不好有雙重壞處：你不能有效地儲存新的記憶和學習，而且你也可能會因為沒有最優地運行而倒退回到舊的模式。

了解會有這些情形讓你可以更有準備地應對它。當你真的掉回到老習慣的時候，記住不要自責。我們在「階段1」說過，這種倒退是大腦試圖對局面取得控制的表現，但純屬徒勞。

我真正希望你明白的另一件事是：

大腦是可塑的，它不是鬆緊帶，改變也不是線性的。

　　當人們某一天發現自己重犯壞習慣或滿腦子負面思想時，常常會感到恐慌。但你付出過的努力不會平白消失。即使你這一天表現欠佳，你的大腦也不會像鬆緊帶一樣打回原形。不應該以完美做為目標。有時，我們對完美的需要會阻礙我們的進步。更糟的是，這種需要有時甚至阻礙我們踏出第一步。常言道：「追求完美是把事情做好的敵人。」有時，我們會難於看出我們的進步，對自己過於挑剔，不斷地想達到目標而苦思為什麼我們還沒有達到目標。應該放慢腳步、深呼吸和享受當下。它不需要是完美的。你在這裡，正在閱讀這本書，正在做這件事，這就夠了。你比大多數人所做的還要多。我保證，你所有的小改變、所有的努力和所有的投入，都是有作用的，即使你現在還看不出來。觸發原因和反應之間的空間正在愈來愈大，即便你這一天過得不順，被惹惱時會即時自動反應。那並不意謂著你回到你的「老我」。大腦不是那樣運作的。資訊輸入和編程業已在大腦的什麼地方進行中。它們不會消失。信任你自己。信任這個過程。

6. 制定策略和
為遇到挫折做好準備

Create a Strategy &
Prepare for Setbacks

制定策略

　　會讓你在疲倦和缺乏動機的日子裡不會怠惰的，是有事先規畫。事先規畫的方法包括：

寫日記

視覺化想像

自我催眠

做習慣追蹤筆記（habit tracker）

在指導下冥想

在指導下進行視覺化想像

按慣例行事

與一個教練或治療師保持聯繫

與一個朋友／支持小組保持聯繫

前面已經討論過這些策略的其中一些，例如視覺化想像。

想保持不懈的最佳策略之一是按慣例行事。我們在第146頁討論過「提示」（cue），指出大腦需要「環境性提示」和「時間相依提示」來觸發反應或一系列的行動和習慣。此外，如果你將習慣集中在一起進行（例如在做早上各種例行公事時進行），會更有可能記住你想建立的新習慣。例如，如果你想記得服用營養補充品，你可以使用所謂的習慣捆綁法（habit-stacking method），將營養補充品放在水壺、牙刷或冰箱旁邊＊，這會提醒你服用它們。我們可以將此策略應用在行為改變。以同樣方式展開新的一天，並進行視覺化想像或寫日記，會提醒你什麼是重要的。同樣，我們需要每天關注這些事情才能帶來改變。如果你知道接下來一天將是工作繁重或感到疲倦，那麼視覺化地想像你將會精力充沛地工作可為你加添力量。知道自己處於掌控有助於克服困難。

這些策略還包括用想像改變你在某一情境中慣有的反應方式（「步驟4」）。想像你會如何處理一個情況表示在情況真的出現時，你較有可能以彩排過的方式做出反應。如果你不彩排，你可能會在遇到情況時措手不及，恢復到平常的行為。但如果你有彩排替代反應，你口袋裡就有了備案，隨時可以在有需要時拿出來用。

我們來看一個具體的例子。假定別人請你幫忙時，你都是習慣說好而不會因為太忙而說不行。所以，當有人要求你什麼時，你會因為措手不及而用你說了一輩子的答案來回應：好的。你的

＊ 譯注：指養成在喝咖啡、刷牙或吃早餐時服用營養補充品的習慣。

自動性和心理捷徑決定了這是必然會從你嘴巴裡說出的話，讓你連去想一個替代反應也沒有去想。但如果你有練習去想像以不同的方式回應，就更有可能摸索出不同答案。

這時，你的口袋裡可能有這些答案：

- 我真的很想幫忙，但目前我被工作壓得透不過氣。
- 我通常都會答應，但恐怕這次我無法幫忙。
- 我的事情都排得相當滿，你的事我們晚一點再來談好嗎？

你這是已經掌握了個中三昧。

為遇到挫折做好準備

這引出了我的下一點：為遇到挫折做好準備。

有時，在改變和重組大腦線路的過程中，我們會面臨挫折。這可能是我們自身內在狀態的結果：因為在某一天感到壓力、疲倦或悶悶不樂，我們變得情緒化，更有可能掉回到舊的模式中。通常，它們是一些我們無法控制的外在因素，但我們卻將其歸因於我們自己的某些問題。我們開始持續地相信，我們之所以失敗是因為我們無法控制的外在力量。當我們經歷這些挫折而不理解為什麼會經歷它們時，我們開始相信自己將會繼續一再失敗。除此之外，我們的大腦喜歡處於掌控狀態，所以當挫折出現時，我們往往會驚慌失措。挫折也可能是起自我們的負面偏見、對失敗的恐懼或缺乏自主性，從而引發壓力和焦慮。

有時我們甚至會用這些挫折做為藉口，因為它們給了我們一條出路。

（對於視覺化想像和挫折，）「那是關於我希望比賽如何進行、
　關於我不希望比賽如何進行、以及它可能如何進行。」
　　　　　　　　　　——麥可‧菲爾普斯

　　2008 年，麥可‧菲爾普斯儘管護目鏡進水，不得不盲目游泳，還是贏得了 200 公尺的蝶泳比賽。他在賽後接受採訪時解釋說，他早就想像過比賽時可能會遇到的各種狀況，所以能夠遇事不驚。他盲目游了 175 公尺，既贏得了金牌又打破了世界紀錄。麥可已經為最糟的情況做好準備，包括他的護目鏡可能會脫落。他知道這是可能的，所以清楚知道在轉身返回之前他必須划水多少次。他保持冷靜，控制著局面。我認為我們全都可以從麥可身上學到一些東西。

　　研究顯示，我們可以在挫折發生之前改變我們對它們的看法，以更正面的眼光看待它們，不那麼認為它們是對我們的進步的傷害。[54]這有助於我們在遇到它們時更有效地做出反應，更新我們對達成目標的決心，不致失去希望和放棄。當我們以較樂觀的展望應對挫折、知道我們可以克服它們的話，可以確保我們遠離諸如「我很弱」或「我沒有意志力」之類的反芻性意念——這些意念會增加我們的負面自我信念。記住，大腦的負面偏見會加劇我們對自己的信念並放大我們的負面敘事。但我們可以改變

我們的反應，使其正面得多。挫折不一定是我們的終點。我們可以學習克服它們，做出恰如其分的反應。

很多人問我：「如果我為遇到挫折做準備時，陷入反芻怎麼辦？」我們知道，有時我們的想法會在大腦中自動運行，它們可能是無意義的，在我們頭腦中亂竄而沒有定向。當你刻意為挫折做準備時，你會形成一種務實和解決問題的心態，如此可以幫助你制定以結果為導向的計畫。這表示你正在參與大腦中負責管控功能（exective functions）的網絡，從而讓你保持一種合邏輯和清晰的狀態。你正在積極思考可能會出什麼狀況和如何減少出這些狀況的風險。相較之下，反芻往往被動和重複得多，專注於負面想法和感受，沒有任何明確的解決方案。

因此，當我們為挫折做準備時，首要目標是制定策略和應急計畫來解決潛在的問題。這讓我們採取前瞻性的思維方式，從而更加感覺自己掌控著局面。這與反芻不同：反芻對解決方案缺乏明確關注，只會助長無助感的持續。

挫折的一些例子：

缺乏時間管理

電視和媒體上的不合現實內容

你的內在狀態：壓力、疲勞、飢餓

讓你把自己與別人進行比較的社群媒體

與小孩和家庭相關的責任

朋友和同伴把你變成另一個人

朋友和同伴讓你對自己感覺不好

被負面消極的人包圍

癮頭（吸菸、飲酒、吸毒）

工作中的壓力事件

為小事情惱怒

▌行動計畫

▎例子1

你下班回家，失去了做飯和去健身房的動力。

為這種挫折做好準備，意謂著你已經預料到會有這樣的感覺。

你更有可能依靠生活慣例和紀律去上健身房或做飯，因為你更能控制自己的情緒。

▎例子2

你的孩子早上上學遲到，導致你把他們送到學校後一樣會健身課遲到。

通常你會因此根本不去上健身課。

考慮到這一點和制定了備用健身計畫後，你更有可能還是會上健身房做30分鐘鍛鍊，儘管不能全程參與。

▎例子3

你正在經歷分手，整個過程讓你深感痛苦。你不想分手。

有一天，你在社群媒體上看到對方有了一個新伴侶。

你極有可能仍然感到痛苦，但你會更有能力應對這種情況。這是因為針對這種情況所做的主動積極準備可以減少它對你的衝擊。

驚訝是一種強烈的情緒，尤其是當它與負面情緒有關時。因此，它需要多更多的情緒調節過程。

　　每個人為挫折做的準備可能會各有不同。我們在第128頁討論過悲傷和如何增強可以緩和失去之痛的神經化學物質，但一些例子可能是：

- 承認痛苦
- 生理性嘆息
- 散步
- 打電話給朋友
- 做運動

　　挫折的產生是出於壓力和疲勞等內在原因，或出於我們無法控制的外在原因。然而，為它們做好準備會給我們一種自主感和一種有助我們處理它們的策略。

　　為挫折做準備雖然涉及認識到潛在的負面情緒，但它也強調情緒調節，鼓勵積極主動的管理和應對策略。與反芻不同（反芻會毫無方向地放大負面情緒），準備是一種腳踏實地和合乎現實的評估，專注於找到對風險和挑戰的建設性解決方案，並最大限度地減少與負面情緒相關的焦慮。為挫折做好準備，可以最大限度地減少我們掉回到舊模式的機會。

7. 跨越恐懼與
征服自我破壞

Step Through Fear &
Conquer Self-Sabotage

　　大腦喜歡掌控局面和感到安全，即便它是錯的。自我破壞是一種以恐懼為基礎的機制，可以讓我們遠離未知事物，因而感到安全。我們的大腦會將熟悉度與安全感聯繫起來，哪怕熟悉度與我們真正想要的東西並不一致。這就是為什麼來自暴虐家庭的人會重複同樣的虐待模式，也是為什麼人們會反覆與爛人陷入浪漫關係。因為暴虐模式或爛人是他們的大腦所熟悉的。

一個已知的負面結果
比未知事物的潛在危險要安全。

　　這表示，你雖然有時會向朋友尋求忠告，但仍然會做完全相反的事情——即使你知道正確答案是什麼和應該做什麼一樣是如此。你可能會為自己的行為方式找藉口，因為那樣做比承認自

己需要改變來得容易。拖延和完美主義也各是一種自我破壞的形式，通常意謂著你永遠不會踏上改變的旅程，因為你擔心自己會失敗（拖延的根源）或你不會完美地做到這一點。這些習慣會阻止你在生活中做出積極的改變，並使你陷入慚愧的循環中，因為我們的大腦寧願留在容易和安全的地方而不是讓你走出舒適圈進入未知的領域。

但現實是，改變是在未知的領域和不舒適中發生的。它處於幽閉恐懼的裂縫中，介於決定做某事和實際前往事情開始轉變之處之間。這樣做你不可能不感到不舒服。自我破壞源於恐懼，因為我們低估了自己的能力，以為一個已知的結果即使是負面的，仍然比未知結果的潛在危險要安全。因此，我們想辦法說服自己相信，我們沒能力或不應該做某件事，以合理化那些讓我們被卡住的行為。

喬科維奇並非沒有恐懼。他承認恐懼仍在他裡面。所以，他並不是無畏的，而只是用恐懼做為激發力，無論如何都選擇參加比賽。正是在這種恐懼中，我們會創造出新的突觸路徑。個人成長於焉發生。我們的目標不是變得無畏，而是變得勇敢。當這種情況發生時，你會意識到世界讚揚你的勇氣。黑暗依然存在，你只是學會成為黑暗中的光。

> 「亨利・方達（Henry Fonda）在每次舞台演出前還是會嘔吐，即使他已經 75 歲了。換句話說，恐懼並沒有消失。」
> ──普雷斯菲爾德（Steven Pressfield），《藝術之戰》（The War of Art）

跨越恐懼的兩個方法

「積少成多」

你可以把腳尖伸入未知的領域，向你的大腦和身體顯示你是安全的。當你踏入未知領域時，你開始意識到事情並沒有那麼糟糕，所以你可以踏得更深一點，告訴你的大腦你有能力做出這種改變。

我的另一條狗麥克斯是一隻馬利諾犬與德國牧羊犬的混種。牠的生活有一個相當棘手的開始。雖然在我寫本章時牠只有十個月大，但牠已經比普通的狗大隻，看起來相當有威脅性。麥克斯更小時不擅社交，經常試圖趕走離我們太近的人。最重要的是，牠有一種讓牠緊張的遺傳特質。牠對這個世界非常不確定，害怕其他人和其他狗，所以牠會對這種恐懼做出反應。你可以理解這種狗的主人不會想帶他們的狗去公共場合，但這樣一來，狗永遠不必面對牠們的恐懼，也因此無法克服牠們根深蒂固的行為。牠們的主人也可能會將牠們從其他人和其他狗身邊拉開，而這又會進一步強化了牠們應該被害怕和敬而遠之的想法。（記得我在導言中談過葉庫阿納部落用身體語言來傳達訊息嗎？）

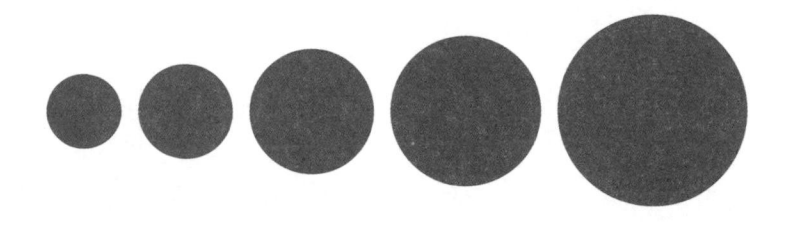

　　由於我對大腦的了解和對神經可塑性的著迷，我決定不這樣對待麥克斯。然後，我興奮地看到牠出現了改變和適應。我總是盡可能帶牠出去，找個地方坐下看著人們經過，我在每種情況下都會用零食獎勵牠，特別是當牠做出正確的決定，只管看著我而不理會走過的人時。

　　有一天，我們帶牠去了海灘，然後去了牠最喜歡的碼頭（牠喜歡從這個碼頭往下跳）。那裡平時很安靜，但有一個夏日，有一群六個人占據了大部分平台。我們最初的反應是避開碼頭，等待他們離開，但我們很快就意識到他們不會去任何地方。因此，我們鼓起勇氣前往那裡，應對可能出現的任何情況。畢竟，那是一個非常好的訓練機會。

　　走到碼頭之後，我們問他們對於有麥克斯在身邊是否感到舒服，他們都說感到舒服。更棒的是，他們對牠的過度反應行為感到同情，表示樂於成為牠的成長經驗的一部分。到了下午，他們已經和牠一起玩球了。牠在他們中間和周圍跑來跑去，沒有任何問題。另一群人後來也加入我們，而麥克斯看來泰然自若。牠有時仍然會反應過度（指望牠一天就全變了個樣是不現實的），但所有這些小經歷最終一定會讓牠在人們面前變得完全平靜和舒適。

　　你可能不特別喜歡狗，但我們都可以從麥克斯這樣神經過敏的狗身上學到一些東西。積少可以成多。我讓牠常常身處不舒服的情境，教會牠那是安全的，沒有什麼可擔心的，但不會一下子要牠越過牠的忍耐限度。最終，等牠的大腦重組得不那麼害怕

ㄅㄅ和更有自信時，牠就會克服恐懼。每個人的忍耐限度都不一樣。我憑經驗知道麥克斯的忍耐限度、牠有哪些觸發原因和我可以用多少力推牠一把。我也知道自己在某些狀況中的忍耐限度和推進程度。你必須摸清自己的忍耐限度，然後開始把這個限度的界線往外推。

▌「跳入深水區」

我說過，搬到一個我以前只去過一次的城市兩天後，我就被男友甩了。我身處一個全新的地方，沒有半個朋友。我是個26歲的老學生，在班上是年紀最大的。說我感覺不舒服和生活在未知之中，還是輕描淡寫的說法了。我的大腦被迫在相當短的時間內做出新的可塑性改變。就像你被拖回到沒有手機和電力的時代一樣，你的大腦必須快速調整才能生存。

這是另一種對付自我破壞和恐懼的方法。那就像剃光頭，或是在65歲申請博士班，又或是賣掉所有家當出國旅行去。這些都是用以克服恐懼的非常極端方法。這條路徑並不適合所有人，但仍然是經常被選擇的路徑。

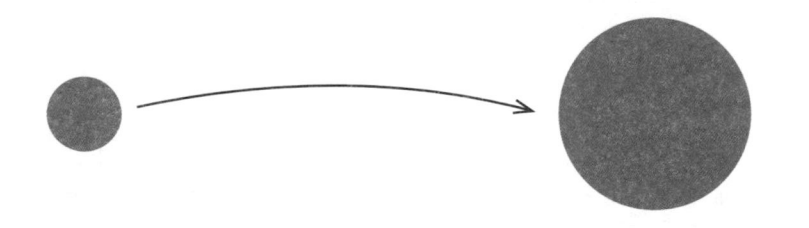

　　這條路徑也可以不那麼誇張。我還記得我第一次公開演講的情景。我收到一封來自一家金融公司的電子郵件，問我是否演講過。那時新冠疫情剛爆發，而我以前主要是在網上發表演講，所以我回信說：「有，我主要是參加網上研討會，因此我沒有一份夠大的代表作選輯。」我直接就湊了過去。我一直很擅長做簡報，而我相信自己是個很有魅力的人，所以我想：幹就幹吧。你可能會說我誇大了事實，但實際上，我看到了機會，並且抓住了機會。如果當時我沒有答應，我什麼時候才能發表第一次公開演講？我很緊張，但我使用了我所知道的所有自我調節工具（包括生理性嘆息），並反覆演練，直到有信心能夠把訊息傳達出去為止。結果我的演講取得成果，得到很大的迴響，從此獲得了愈來愈多的演講機會。所以我沒有剃光頭和離開這個國家，但我仍然向未知邁出了相當大的一步，逼自己走出舒適圈。

　　研究顯示，我們更有可能選擇立即的獎勵，即現在會確定得到的獎勵，而不是選擇未來的不確定獎勵。[55] 即使你知道走出舒適圈可以解決你的問題，但你仍然可能選擇留在安全和已知的地方，因為那是一種立即的獎勵。如果麥克斯可以選擇的話，牠絕不會去有其他人或其他狗的地方。牠將永遠不會離開家裡。但這是一種不切實際的生活方式。你需要選擇如何面對恐懼，而你有兩個選項。要麼是積少成多，要麼是跳進深水區。每種情況都是不同的，我們選擇哪一種方法要視乎情況而定。

　　你準備如何面對你的恐懼？我希望你不是準備繼續自我破壞。這不是你不走出去以獲得你想要的東西所能做到。我希望你

開始走出你的舒適圈，利用我給你的所有工具和技巧，開始基於逼你以不同角度看事情的新經驗，在你的大腦中建立更好的連結。如果你正在尋找徵兆、尋找許可或尋找一隻扶住你的手，那麼它就在這裡。就在這本書裡。

3

增強積極性
Boost the Positive

承認你想要過上更美好的生活。繼續推進。
你配得到更美好的生活。為之奮鬥。

- 運用神經科學提升心靈韌性
- 成長型心態背後的神經科學
- 你的肌肉直接與你的大腦溝通
- 睡眠是你的頭號最優化工具
- 多巴胺──你的快樂是在當下
- 建立自我信賴和和信心

運用神經科學建立心靈韌性

研究顯示

我們是可以改變我們的神經生物結構

來提高我們對壓力的耐受度

運用神經科學
提升心靈韌性

Increase Mental Resilience

　　根據美國心理學協會的說法，心靈韌性（mental resilience）是「面對逆境、創傷、悲劇、威脅或重大壓力來源時的適應良好過程。」我們可以做些什麼來提高我們的心靈韌性嗎？可以。抗壓韌性可以透過各種策略和介入措施來提高。有些人可能天生就具有較高的心靈韌性，但那是一種任何人假以時日都可以透過努力而增強的動態特徵。

　　在「階段1」開始時，我們討論過慢性壓力的功能及其對身體可能產生的有害影響，但也談到了日常生活中急性壓力的重要性。壓力有多種用途。例如，諸如運動、呼吸、冷水浴和洗桑拿浴等自願壓力（voluntary stress）可增強我們的免疫系統。有別於流行的看法，急性壓力實際上不會削弱我們的免疫系統，反而會增強我們應對未來壓力的韌性和能力。應當在進入交感壓力狀態（這時你的身體會增加腎上腺素和皮質醇讓使你進入「戰鬥或逃跑狀態」）和從中恢復過來之間取得平衡。可以這樣想：如果

你是運動員,你需要持續鞭策自己和接受訓練,但又不能操之太過,以免疲倦難於恢復和有受傷的風險。

在本章中,我們將重點討論如何透過提高我們承受壓力和從中恢復的能力來提高心靈韌性。

▎自願壓力

若積極選擇做運動或從事吐納之類的活動,則從中所得到的自願壓力會對我們的大腦、身體和心理產生有益的影響。大量研究顯示,我們對壓力的心態也會影響我們對壓力的身體反應,這是我們在「階段1」便提過的。

在研究心態的頂尖科學家艾莉雅・克拉姆主持的實驗中,受試者被分成兩組。第一組觀看了一段談壓力好處的短片。短片告訴受試者,壓力可以用氧氣強化大腦和身體,增加它們的能量,改善它們的生產力、專注力和決策能力。第二組被告知,壓力會使人衰弱,會削弱驅力並阻礙表現。它解釋說壓力會抑制一個人好好思考和做出決定的能力,指出即使是訓練有素的專業人士也會在壓力下崩潰,然後播出籃球運動員在球場上失去冷靜的畫面。結果令人難以置信。被告知壓力是正面事情的一群受試者工作表現獲得改善,並出現較少的負面健康症狀。

類似的實驗顯示,那些被告知壓力對他們有好處的人會對壓力產生正面的生理反應。在實驗過程中,他們的心臟效率提高了,泵血和向全身輸送氧氣的能力得到了改善,消耗的能量變

少。與沒有被告知壓力有好處的受試者相比，他們的血壓在壓力事件期間有所下降。

重新看待壓力是幫助我們駕馭生活的寶貴工具。了解急性壓力和慢性壓力之間的差異，可以幫助我們確保在承受壓力和調節壓力之間取得平衡，使我們能夠成功地運作。

急性壓力：

求職面試

考試或測試

公開演講

衝突或對抗

自願壓力：

洗桑拿浴

做運動

吐納

冷水浴

學業追求

慢性壓力：

工作相關問題／財務問題

感情問題

健康問題

照顧者壓力

社會孤立

壓力下保持冷靜

研究顯示，在通常情況下，正腎上腺素（大腦釋放的壓力化學物質）和腎上腺素（身體釋放的壓力荷爾蒙）在遇到壓力時會同時釋放。然而，一群受過訓練人士在參與一個實驗一段時間後，卻得到了不同的結果。[56]這項實驗的靈感來自荷蘭勵志演說家和極限運動員溫霍夫（Wim Hof），他多年來推廣冷水浴和呼吸技巧不遺餘力，以此讓人們明白故意接受壓力對健康的好處。實驗的受試者需進行冷水浴、冥想和「慢吸急吐氣」（一種西藏呼吸技術，是密宗佛教的金剛乘修行的一部分）。在為期兩星期的實驗中，研究人員發現，當受試者的腎上腺素水平較高時，大腦釋放的正腎上腺素水平會低於對照組。簡單來說就是，他們在體內充滿壓力荷爾蒙的情況下仍然能夠保持心靈平靜。這種情形也見於擂台上的拳擊手。比賽時，拳擊手的體內充滿腎上腺素，但他們的心理卻能在某種程度上保持冷靜。

「自上而下調節」（top-down regulation）是大腦控制對壓力的情緒反應和生理反應的能力。近期的研究開始顯示，在壓力事件期間，有效的「自上而下調節」可能有助於提高從壓力恢復的能力。當我們經驗壓力時，我們大腦的前額葉皮質（負責推理和邏輯）可以調節與壓力有關的其他區域的活動，這些區域包括與恐懼和情緒處理相關的杏仁核，以及可以引發壓力反應的下丘腦。透過這種自上而下的調節，前額葉皮質可以抑制過度的壓力反應，促進更具適應作用的應對策略。

　　這裡有一個蹊蹺。階段1說過，大腦是被設計成讓你在有壓力的情況下逃跑、戰鬥或靜止不動，而不是讓你去聆聽。當你有壓力時，你不會理性地思考。但這有一個前提，那就是你已經處於壓力之中，而且遇到的情況是你完全沒有心理準備的。所以，如果你是股票交易人並習慣了股市的各種狀況，那麼當市場突然下跌而讓你陷入恐慌時，你八成還是能夠理性地思考，因為你以前就經歷過同樣狀況。但當我們刻意選擇壓力時，局面會由我們掌控，以致甚至在身體的壓力反應還沒有被觸發，你就可以透過「自上而下調節」主動保持冷靜。例如，假設你是經常跑步的人，那麼，在你跑步中途，你的身體雖然充滿腎上腺素，但你的頭腦卻處於平靜和流動的狀態。「自上而下調節」使你能夠處理訊息和影響較低層次的功能。例如，你可以激勵自己跑得更快一點，也可以安撫自己在壓力下保持冷靜。

　　由此得到的一個引申就是，在一些你處於掌控的情境下訓練自己承受壓力，可以提高你對壓力的承受程度。第一次跑步時，你會感到焦慮、擔憂和壓力。假以時日，跑步會變得容易，你的大腦也會保持冷靜。你身體釋放的腎上腺素不會減少，因為它是必要的，但你大腦釋放的正腎上腺素卻會減少。這表示兩個系統之間的連結已被削弱，當你的身體承受壓力時，你的心靈仍然保持平靜。這種經驗可以被轉化為抗壓力，讓我們挺住來自上司、衝突或生活中出現的狀況的突然壓力。

　　當然，這個概念是多方面的，永遠不可能將兩個系統完全分開，使它們互不影響。但是，我們可以透過將自己置於有壓力但

同時又知道是安全的環境中，來提高我們的抗壓性。

正念冥想

　　正念冥想訓練也被證明可以提高我們應對身體壓力的復原力和能力。有研究顯示，接受正念訓練（冥想）的人在執行有壓力的任務時，體內的壓力荷爾蒙和發炎分子會顯著下降。[57] 有多項研究顯示，強有力的「自上而下調節」可以提高我們的抗壓能力，幫助我們從壓力事件中恢復過來。[58][59] 這可以透過冥想、「認知行為治療」（CBT）和呼吸技巧等其他練習來培養。冥想可以透過加強前額葉皮質和改善整體認知功能來促進注意力控制、情緒調節和自我覺察（self-awareness），從而增強「自上而下的調節」。

　　然而必須指出的是，抗壓性是一個複雜的特徵，受到各種遺傳、環境和個人因素的影響。雖然「自上而下的調節」監管可能會發揮作用，但它並不是抗壓性的唯一決定因素。其他因素，例如社會支持、應對技巧和個人經歷，也有助於個人應對壓力處境的能力。

愛創造了我們

　　還有證據表明，心靈韌性與你的環境和你周圍的支持網絡密切相關。其中一些是家庭、學校和同伴的支持，還有自我調節和自我護理，對此，我們在後面將有較詳細討論。社會連結和社會

支持與更強的韌性相關，因為社會連結會透過情感支持、歸屬感和共享應對資源來增強韌性。在逆境中，支持網絡可以提供安慰和理解，做為壓力的緩衝器。歸屬於一個社會群體可以培養認同感和接受度，減少可能阻礙復原力的孤立感。值得信賴的朋友和家人提供我們看問題的不同角度，也提供寶貴建議豐富解決問題的策略。但更重要的是，他們可以幫助我們就我們生活中的問題創造一個敘事。

最近，我的一個朋友描述了她和男朋友之間的問題。身為局外人，我能夠讓她對這種情況有一個更平衡的看法。這幫助她從不同的角度看待事情，就問題創造出更正面的敘事，並最終找到合適的解決方案和態度。除此之外，積極的社會連結有助於降低壓力荷爾蒙水平，改善我們的免疫功能，從而有助於我們的身體幸福。催產素和血清素的釋放有助於宣洩。這些健康益處增強了我們從挑戰中恢復的能力。我們從社交網絡獲得的實際幫助和情感幫助，有助於我們的情緒應對。

你的直系親屬或朋友圈中可能沒有能為你提供情感幫助的人。我是從我的 IG 粉絲（主要是男性）了解到這種情形的，他們說他們沒有支持性朋友。但有許多公益機構、支持團體和線上筆友可以幫助你獲得從同伴那裡所需的情感支持。也許你可以加入一個運動團體、一個讀書會或一個跑步會，而我想你一定會意識到，大多數人都需要一個他們可與之交談的人。外頭有很多樂於幫助你的人或機構，你只需要去找就會找到。

兒童精神病學家布魯斯・培理博士（Dr Bruce Perry）見過一些

世界上最可怕的忽視兒童和虐待兒童案例。但他的著作《遍體鱗傷長大的孩子，會自己恢復正常嗎？》（*The Boy Who Was Raised as a Dog*）中歸納出一個結論：無論一個孩子經歷過什麼，那些能在日後的生活中茁壯成長的人都是那些得到過支持的人——這支持要麼來自家人，要麼來自寄養家庭和支持小組。你小時候可能沒有接受過支持，但你可以在以後的人生中學會培養有培育性的關係。

人類需要彼此，我們需要連結，需要感覺我們並不孤單。透過課外活動或治療／團體治療，與你的朋友聯繫或建立堅實的支持網絡。愛創造了我們。多年來，我們一直被教導「除非你愛自己，否則沒有人會愛你」，但現實是，除非你以前被別人愛過，否則你無法學會愛自己。這種說法並不表示你需要依賴他人的認證和無須投入自己，而只是考慮到一個事實：大腦圖譜是大腦中給各種情態（modalities）編碼的區域，它們是透過體感輸入（somatosensory input）而形成的。因此，愛的能力不能孤立地建立，而培理博士已經證明，經歷過創傷的孩子如果被愛他們的人圍繞，就一定能康復和茁壯。對於內向或神經表現特異的人（也因此是不會因社交互動而茁壯），研究顯示，他們的社會連結的質比量重要。[60] 我們是可以獨處75%的時間。這表示，不多的有意義連結便可以讓我們感到獲得連結和支持。

▎神經可塑性與心靈韌性

說我們是可以從挫折中恢復過來，表示每當我們不可避免地

「失敗」時，藉著「經驗依賴可塑性」，我們將變得更有韌性和獲得更多應付陷阱的本錢。我們的大腦被設計成可以從失敗中學習，會給經驗數據庫加入如何在未來情境中反應（或不反應）的資料。失敗對於未來的成功是必要的，因為它教導我們的大腦了解世界和我們自己。利用神經可塑性的力量，將失敗視為正面的學習結果，我們可以建立一種有韌性的心態。這心態能使我們以更大的堅毅應付生活中的挑戰，保持心理幸福，最終過上充實和有意義的生活。在心靈韌性的加持下，我們能不斷地演化和適應，突顯出人類大腦具有令人難以置信的成長潛力與恢復潛力。

▶重點重溫▶ 利用神經科學提高心靈韌性

- 有些人可能天生就具有較強的心靈韌性,但心靈韌性是一種動態特徵,任何人都可以隨著時間的推移將其增強。

- 自願讓自己以可控的方式經歷壓力,可以提高你承受壓力並從中恢復的能力,從而增強心靈韌性。

- 研究顯示,我們對壓力的心態也會影響我們對壓力的身體反應。

- 了解急性壓力和慢性壓力之間的差異可幫助我們確保在承受壓力和調節壓力之間取得平衡,讓我們能夠成功地運作。

- 刻意選擇承受壓力並積極保持冷靜,可以教導你的身體在壓力下保持冷靜。

- 我們的大腦被設計成可以從失敗中學習,會給經驗數據庫加入如何在未來情境中反應(或不反應)的資料。失敗對於未來的成功是必要的,因為它教導我們的大腦了解世界和我們自己。

- 利用神經可塑性的力量,將失敗視為正面的學習結果,我們可以建立一種有韌性的心態。

固定型心態 VS 成長型心態

固定的	成長的
迴避挑戰	歡迎挑戰
輕易放棄	堅持
認為努力毫無價值	將努力視為關鍵
不能接受建設性的批評	從建設性批評中學習
感到別人的成功是威脅	受別人的成功激勵

成長型心態
背後的神經科學
Growth Mindset

「在成長型心態中，人們相信自己最基本的能力可以透過奉獻和努力來發展──大腦和天賦只是起點。這種觀點創造了對學習的熱愛和韌性，它們是達成偉大成就所必需的。」──史丹佛大學心理學教授卡蘿・杜維克（Carol Dweck）

　　我告訴過你，我的朋友舞者薩曼莎的事。她的姊姊瑪莎是個成績優異的學生，在班上名列前茅，總是被父母稱讚聰明。以優異的成績獲得美術碩士學位後，她考取了一家大型數位行銷公司的高級職缺。然而，她在工作中舉步維艱，有著強烈的不安全感。她很難理解為什麼自己如此聰明，卻無法應付成年人的生活。瑪莎的問題在於，儘管她的智商很高，也無疑非常聰明，但她的心態卻是固定的。當有需要解決問題時，她害怕投入工作，因為她害怕失敗，更糟的是，她擔心別人會懷疑她的智力。

　　我建議瑪莎去看治療師，幫助她適應新環境，她照做了。她

的治療師幫助瑪莎努力改變心態。隨著時間的推移，她學會了重新調整自己的行為和信念，對失敗更加開放，同時打破了她以前對自己的許多看法，這樣，她就可以不再將自己的身分認同與工作表現綁在一起。瑪莎必須認識到，她太過把她的身分認同與聰明才智綁在一起，以至於她的任何失敗表現都像是對她個人的攻擊。

如果這聽起來像你，我想讓你知道這是可以改變的。許多人將自己的身分認同與自己的表現綁在一起，以致讓自己無法真正取得任何成就。他們成為完美主義者，會害怕失敗而避免困難的挑戰，因為他們把失敗視為攸關個人榮辱。所以，為了避免降低自我價值，他們綁手綁腳，避免面對問題。不幸的是，世界的運作方式不會讓他們如願。瑪莎無法迴避工作上碰到的問題，但她也無法從這些問題學習，直到她尋求幫助為止。

固定型心態 vs 成長型心態

卡蘿‧杜維克是心態和動機領域的尖端研究者。她的研究得出了一些寶貴的見解，顯示當我們將工作表現和我們的身分認同綁在一起時，我們傾向於保持固定的心態。在一項實驗中，老師們在誇讚一些學生時，將學生的智力與他們的身分認同聯繫起來，給出諸如「你真聰明！」之類的評論。[61] 後來，當這些學生被要求選擇要解決的問題時，他們更喜歡挑戰性較小的問題。他們選擇的問題能夠增強他們認為自己聰明的信念，並繼續證明他

們能夠有良好表現。研究者還發現，學生會謊報分數以誇大自己的智力水平。另一方面，那些被老師誇讚努力的學生（他們得到「你一定在解決這些問題上付出了很大努力」之類的評論），後來喜歡選擇挑戰更需要用腦力的問題。他們不太關心其他孩子的分數，更喜歡接收與如何解決未來問題有關的資訊。

這些研究和隨後的其他研究表明，當我們像瑪莎一樣將自己的身分認同與特定行為的結果綁在一起時，我們會將我們的動機和表現歸因於我們做為一個人的身分。[62][63] 這意謂著，當我們面臨挑戰時，我們更有可能選擇一條更容易的路線來強化我們的信念，因為我們不想強化我們無法達成一些什麼的信念。當我們採用成型心態時，我們學會將表現與我們投入任務的努力聯繫起來，並學會明白挑戰可以帶來學習機會，因為我們知道我們的能力不是固定的：它們可以透過努力得到改善。我們的身分認同與表現無關，這表示我們可以將自己與表現分開。

成長型心態是相信我們的能力和智力可以透過奉獻、努力和學習來發展。[64] 它使我們能夠歡迎挑戰，勇於去克服它們。具有成長型心態的人明白他們的能力是可以發展的。具有固定型心態的人可能會覺得他們遇到的難題是災難性的，感覺自己像是受到評斷。

學習至關重要

成長型心態的第一大特徵是有這種心態的人明白，學習是面

對逆境時的寶貴機會。當人們相信自己可以從失敗和挫折中得到進步和成長時，就更有可能從事具有挑戰性的任務，並在困難中堅持下去。當人們曉得大腦具有可塑性和願意適應環境時，他們在面對障礙時更有可能堅持下去。這種堅毅可以增強大腦中與學習相關的路徑，從而強化學習是一個永遠演化的動態過程。

具有成長型心態的人的大腦迴路表明，他們更容易接受糾正，能夠消除負面回饋。成長型心態被認為與紋狀體（striatum）和基底神經節（basal ganglia）有關，這兩個區域負責與獎勵相關的學習。[65] 接受為期四週成長型心態訓練的學童顯示出，當他們解決困難的數學問題時，這兩個腦區的活動有所增加。此外，這些有著成長型心態的學童即使在犯錯後，也能夠在測試中表現得更準確。不僅如此，他們還能夠記住錯誤並理解自己何以錯誤，從而在學習過程中自我糾正，帶來自主性和自信心的增強。

▌身分認同不等於表現

成長型心態的第二大特徵是將我們的身分認同與表現分開。瑪莎將她的工作表現與她的個性綁在一起，這表示當她開始犯錯，在工作上舉步維艱時，她將其內化為個人失敗，就好像她有問題一樣。這會加劇對失敗的恐懼，因為它被歸因於個人。

當一個人鬆開自己與一個目標或一個挑戰的捆綁，並弄懂對失敗的恐懼其實是一個成長的機會時，他將可遭遇失敗而不損害自己的身分認同。喬科維奇表示，即使輸了球，他也不後悔。我

們都應該努力以類似的方式看待生活。這是因為，成長型心態的
這兩個特徵加在一起，可以幫助我們在生活中表現優越，並促進
終身學習，不再恐懼失敗──對失敗的恐懼不可避免地會牽制我
們。

　　如果你目前的心態屬於固定型，那我的一番話可以提醒你大
腦是有可塑性。本書從一開始就一直在打破先入為主的想法和信
念。且讓我們看看我們有著哪些偏見和它們是如何影響我們。

▎問答

哪個故事在你的腦海中重播讓你對你的表現感到恐懼？

_____

_____

你用哪些標籤來描繪自己以致讓你陷於固定型心態？

_____

_____

你以為你人生中的挑戰真的決定了你是誰嗎？

_____

_____

你能否改變信念，改為相信每次失敗都是一個學習的機會，而且
相信失敗不會反映你的身分認同？

　　應當學會鬆開你的身分認同與你的表現之間的捆綁。如果你相信自己的特質是固定的，你就會被綁手綁腳，每次都設法證明自己是對的。你會迴避錯誤，並且在失敗時強化負面的自我信念。

　　我們的個人特質並不是固定不變的，智力不是固定不變的。如果你對某個主題不是很了解或不是很勤奮，你可以透過練習來提升。只要相信你的品質是可能發展和改變，你便會開始改變你對整個人生的看法。我們在「階段1」談「確認偏誤」時說過，我們的信念可以驅動我們的思想和行動，它們又會相互影響。一旦相信了你的能力和品質可以透過努力改變，你會開始改變展示自己的方式和看待失敗的方式，而且就像上述實驗中的學童一樣，你可能不再那麼在乎周圍的人正在做的事情，而更關注自己的成長和學習。

　　我希望你回想你對上一次把失敗與自己的身分認同綁在一起的情形。你能否重新架構它，以看出它與你做為一個人的身分無關？

當你改變心態時，你的大腦會如何重組線路

獎勵

當你開始將失敗視為學習和進步的機會時，大腦中與努力和堅持相關的區域會變得更加活躍，而付出努力也成為一件有獎勵性的任務。

正增強

當你遇到挫折時，你的大腦會開始以不同方式對錯誤做出反應。獎勵中樞會在遇到障礙時被活化，而這可以進一步加強鼓勵和成長。這將積極強化你對成長型心態的信念。

減少對失敗的恐懼

大腦中與恐懼和焦慮相關的區域將會減少。這會讓你不再那麼害怕失敗，更有可能變得更有自信。

了解了成長型心態的這些特點，再加上你現在對壓力心態的了解，我們就可以開始了解如何改變我們對人生的觀點，從而推動我們走向成功。

當我經歷困難時期時，真正讓我感到踏實的是謹記一個道理：每當你處於黑暗之中，你會學到很多關於自己的知識。我最好的朋友說得好：「我們會在決定做某事和實際取得若干成果之間那些會讓人產生幽閉恐懼的緊窄裂縫中得到轉化。那是些黑暗

和有『惡臭』的裂縫。」

　　我同意她的觀點。我認為魔法會在我們不舒服的地方發生。每次我以為自己被埋葬了，其實我是被栽種了。當我再次從地裡被拔出來時，我才知道這是一種收穫。生活會提拔你，也會打壓你。這不公平，但生活從不公平，也永遠不會公平。這個道理曾好多次讓我謙卑。現在的問題是，你可以選擇將失敗當作學習的機會，也可以選擇被失敗糟蹋。這是一個艱難的選擇，但如果有一件事是確定的，那就是你無法選擇生活準備怎樣為你服務。

　　　　有時候，這個世界會揍你一下下，
　　以提醒你有一些東西值得你為之奮鬥。

　　繼續為自己在這個世界上的地位而奮鬥。繼續為你的敘事、你的故事、你的駕駛位置而奮鬥。

▶重點重溫▶　成長型心態背後的神經科學

- 固定型心態：迴避挑戰、輕易放棄、無法處理建設性批評。
- 成長型心態：歡迎挑戰，從建設性批評中學習，被成功激勵。
- 研究顯示，當我們將自己的身分認同與特定行為的結果綁在一起時，我們會將我們的動機和表現歸因於我們做為一個人的身分。
- 如果我們這樣做，那麼當我們失敗時，我們就會把失敗歸咎給自己。
- 如果我們採取成長型心態，就會開始明白挑戰可以帶來學習機會。
- 我們的能力不是固定的，可以透過努力加以改善。
- 身分不等於績效。
- 身分認同不等於表現。
- 學習至關重要。
- 你的大腦可以重組自己，以看到挑戰、失敗和成長經驗。

肌腦軸（muscle-brain axis）

做運動可保護大腦，
使其免於陷入憂鬱、焦慮
和神經退化。

你的肌肉直接
與你的大腦溝通

Your Muscles Communicate
Directly With Your Brain

　　我從IG粉絲那裡得到的一些最常見的回饋是，他們非常欣賞我對做運動好處的科學說明。我想這是因為很多人聽過幾百遍別人說做運動有多好多好，卻沒有真正理解它為什麼重要，所以感覺煩了。許多人也害怕做運動，或者認為做運動是對吃得太多的一種懲罰，又或者只是為了減肥而必須參加的可怕活動。多年來，運動的名聲並不好。從媒體傳播的減肥文化到健美鼓吹者的不切實際身體，運動變得讓人困惑和難以企及。在這個過程中，我們忘了做運動的真正好處。

　　本章將從神經生理學角度剖析運動益處的科學原理，以及哪些特定的分子與這些益處有關。我收到了很多人的評論和訊息，說他們因我的激勵而開始做運動：這是因為我消除了圍繞這個主題的羞恥和困惑，並提供人們科學事實和知識，幫助他們改變了對做運動的看法。

運動對我們腦部健康的好處

增加神經可塑性

　　灰質是大腦的一部分，由神經元細胞體、樹突和突觸組成（突觸負責與附近的其他神經元溝通）。它由於缺乏髓磷脂（myelin）而呈灰色。髓磷脂是覆蓋神經元並充當絕緣層的脂肪鞘，有助於將訊息傳導到大腦和脊髓的更遠的區域。由於這些脂肪鞘的緣故，白質呈白色。灰質負責處理訊息、認知、感觀知覺和肌肉控制。神經退化性疾病通常涉及灰質的喪失。阿茲海默症、帕金森氏症和亨廷頓氏症等疾病的特徵是神經元的漸進性退化，和因此而來的腦組織流失（包括灰質的流失）。這種損失可能導致認知

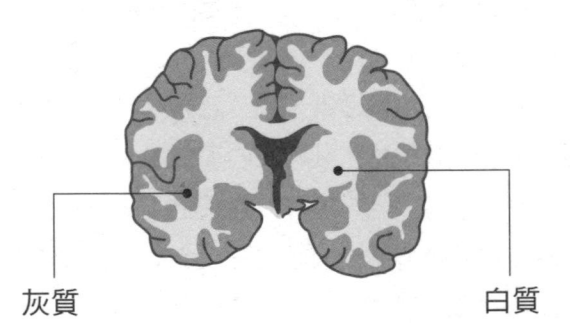

灰質	白質
• 包含大腦的大部分神經元細胞體	• 由連接不同灰質區的束帶構成
• 等一個人滿20歲就會充分發育	• 在20至30歲期間發育
• 介入資訊處理	• 負責詮釋來自身體不同部分的感官資訊
• 介入高階思考：知覺、記憶、學習和決策	• 做為溝通網絡，促進不同腦區的資訊轉移
• 能夠重組線路	• 能夠重組線路

能力下降、記憶力減退、運動困難和與這些疾病相關的其他症狀。

研究顯示，固定從事體力活動可讓灰質的體積顯著增加，海馬體和前額葉皮質中的灰質尤其如此（海馬體負責記憶和學習，前額葉皮質負責管控功能、決策和認知控制）。[66] 與健身水平較差的少年相比，有氧健身水平較高的少年的海馬體灰質體積較大。這些少年在認知測驗中也取得較好成績。

體力活動似乎是影響成年晚期灰質體積的有效方法，也可促進大腦中與認知完整性相關的蛋白質。

發炎與身體

發炎是身體癒合過程的必要組成部分。當你生病、受傷或感染時，體內發炎會增加，以修復需要注意的區域。然後這種發炎通常會消退，直到再次需要為止。但當我們長期承受壓力，身體就會發炎，並且始終處於被認為需要修復的狀態。當「威脅」或壓力沒有消失，發炎就會變成慢性。

慢性發炎可由多種因素引起，包括持續感染、自體免疫疾病、慢性壓力、不健康的生活方式和污染等環境壓力源。它可以攻擊整個身體，甚至可以穿過所謂的「血腦屏障」（blood-brain barrier, BBB）進入大腦。血腦屏障受到嚴格管制，其功能是調節血液和大腦之間的物質，幫助維持它的纖弱環境並保護其免受傷害。這到我們談論憂鬱症狀時將會是有用的重要資訊。

大腦發炎會導致一系列問題，包括神經退化、憂鬱和潛在焦慮[67]。當然，這些問題是多方面的，可能需要採取一種多模式

方法，例如採取與減壓和抗發炎干預相結合的療法。但從神經學的角度來看，這是在生物學層面正在發生的事情。請記住，如果你的大腦健康是你的硬體，而你的心理健康是你的軟體，那麼你會很難在無法最優化地工作的硬體上進行任何軟體更新。

犬尿胺酸和色胺酸

我們知道，血清素是讓人感覺良好的神經傳導物質之一，有助於調節情緒和其他大腦功能，例如睡眠和性欲（它們可間接影響我們的情緒）。血清素由一種稱為色胺酸（tryptophan）的必需胺基酸製成，而我們可從堅果、種子、豆腐、雞肉、火雞、奶酪和許多水果中獲取色胺酸，它會轉化為血清素，然後轉化為褪黑激素。我們稱此為「色胺酸路徑」（tryptophan pathway），該路徑中有一種稱為犬尿胺酸（kynurenine）的分子，其在人體的壓力反應中發揮重要作用。

當我們承受巨大的壓力時，發炎會驅使這條路徑產生更多的犬尿胺酸而不是血清素。[68]大腦中的犬尿胺酸含量保持微妙的平衡，而這可以帶來益處，但當它不平衡時（在現在的情況下是過多），就會對大腦和身體產生有害影響。這種改變會導致血清素減少，導致憂鬱症狀和情緒低落。

此外，犬尿胺酸會進一步代謝為喹啉酸（quinolinic acid）和犬尿酸（kynurenic acid），前者對大腦具有神經毒性，後者可使大腦發炎加劇和可能促進憂鬱。[69]這種發炎機制也會加強焦慮和擔憂的感覺，讓壓力感和憂鬱擴大。因此，一條本應產生血清素和

對我們有利的路徑在壓力下會受到嚴重破壞，並對大腦產生負面影響，透過多種機制促進憂鬱症。

1. 可用於產生血清素的色胺酸變少。
2. 喹啉酸具有神經毒性，可導致神經退化。
3. 犬尿酸也可能透過增加腦部發炎而助長憂鬱症狀。
4. 發炎可能會加強焦慮和擔憂的感覺。

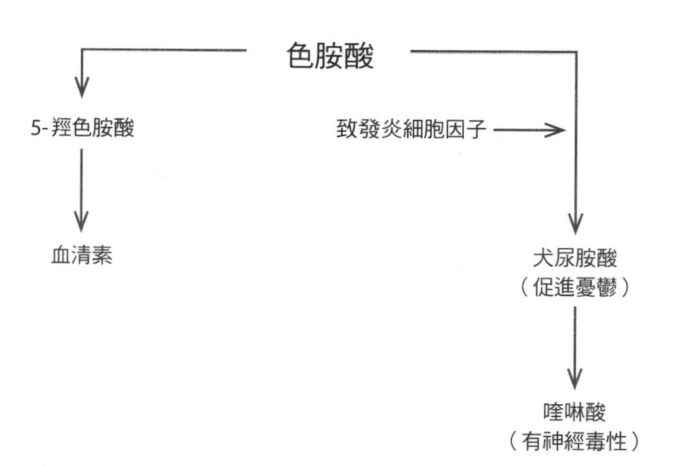

▎這就是做運動的用武之地

當我們運動或進行任何身體活動時，我們的大腦會向我們的肌肉發出收縮和放鬆的信號。收縮和放鬆肌肉的機械運動會釋放肌肉因子（myokines）。[70] 肌肉因子是一些肌肉蛋白質，具有多種功能。

這些肌肉因子透過稱為「肌腦軸」（muscle-brain axis）的東西直接與大腦溝通。「肌腦軸」突顯出身體活動與心理健康之間的深

刻聯繫，因為你的肌肉與大腦有一直接溝通的線路。固定做運動
對於保持健康和有韌性的心靈起著至關重要的作用。

　　肌肉因子有助於減輕憂鬱症狀、改善焦慮、具有神經保護特
性[71]並有助於維持突觸完整性，確保我們的神經元正確放電並
有效傳達訊息。以下，讓我們更詳細地剖析其中一些肌肉因子。

運動與憂鬱

　　這裡我們要討論憂鬱症的問題，但我們需要承認憂鬱症的症
狀有輕重各種不同的程度。每個人的經驗和憂鬱症程度都有所不
同，有些人可能需要額外的干預措施才能緩解症狀。不過，以下
就是在運動介入下的憂鬱症神經科學。

腦源性神經營養因子

　　「腦源性神經營養因子」（BDNF）是一種分子／蛋白質，它可
支持大腦與周邊神經系統的神經元，讓其得以生長、存活和發揮
功能。「腦源性神經營養因子」在促進神經可塑性和確保突觸強
壯健康上，發揮著至關重要的作用。[72]多項研究顯示，較低水
平量的「腦源性神經營養因子」與憂鬱症狀的發展或嚴重程度之
間存在關聯。[73][74]這是因為憂鬱症是與神經可塑性的受損有關，
而神經可塑性的受損可能會導致適應和應對壓力及其他負面情緒
的能力下降。

類胰島素生長因子 1

另一種有趣的肌肉因子是「類胰島素生長因子 1」（insulin growth-like factor 1, IGF-1）。「類胰島素生長因子 1」是一種對生長和發育起著至關重要作用的激素，在兒童和少年時期尤其如此。它也像「腦源性神經營養因子」一樣對大腦具有神經保護作用，換言之它支持神經細胞的存活、生長和發揮功能。「類胰島素生長因子 1」通常從肝臟釋放，而這種荷爾蒙的大量分泌可能與多種問題有關。然而，有趣的部分是，「類胰島素生長因子 1」會作用於不同的路徑，而當它從肌肉中做為肌肉因子被釋放時，會產生不同的正面結果。[75] 因此，一個「類胰島素生長因子 1」可以按照其被釋放的環境的差異而產生不同的效果。

「類胰島素生長因子 1」主要在舉重訓練期間釋放，而如果你以前從未舉重過，那麼，明白應該漸進地使肌肉超負荷（稱為「漸進超負荷」）非常重要。這可助人保持強壯和獲得廣泛的身心益處。本章最後有一鍛鍊指南，其中概述了要符合哪些關鍵要求，每星期舉重才能為你的大腦和心理健康帶來最大益處。

運動和焦慮

我們在「階段 1」談過焦慮，以及如何管理擔憂和疑懼的感覺。固定運動是控制焦慮的重要手段。體力活動會引發內啡肽的釋放，這種神經傳導物質是天然的情緒提升劑。最近我們開始了

解到肌肉因子透過「肌腦軸」對焦慮的影響。

「類胰島素生長因子1」

對動物的研究顯示，減低「類胰島素生長因子1」的循環量會導致焦慮症狀的增加。[76] 此外，「類胰島素生長因子1」已被證明在突觸可塑性（神經元修改連結的能力）中發揮關鍵作用，喜歡透過削弱突觸來消除記憶中的恐懼。恐懼的消除就像重寫大腦的原有「可怕」劇本，幫助它認識到曾經有威脅性的事物現在是安全的。基本上，「類胰島素生長因子1」會削弱海馬體中保存某些情境的記憶的突觸，並削弱這些記憶與恐懼之間的關聯。

「眼動減敏與歷程更新療法」和步行

「眼動減敏與歷程更新療法」是心理治療中最好的技術之一。它被用於治療那些曾經歷創傷事件或痛苦生活經驗的人。研究顯示「眼動減敏與歷程更新療法」對於情緒再處理具有重大益處，但直到最近神經科學家才發現了其背後的作用原理。

據信，橫向眼球運動會在消除恐懼的學習過程起作用，因為當我們的眼睛從一側移動到另一側時，它們會參與到額頂葉網絡。[78] 這是位於大腦前部的腦區網絡，負責注意力、解決問題和工作記憶。額頂葉網絡與杏仁核（我們的恐懼處理中樞）協同工作，而這表示它們會競爭資源。就像急性壓力會損害你的思考能力、讓你在壓力下很難集中精力解決問題一樣，當你使用額葉皮質時，會發生相反的情況：杏仁核變得不活躍。

這是重大的知識，適用於任何類型向前移動的運動。像步行、跑步和騎自行車之類的運動，會讓從你身邊經過的風景活化你的額頂葉網絡，同時減少杏仁核的活動。因此，這些類型的運動可以幫助我們弄懂生活中遇到的任何問題，同時也可以在處理這些問題時，避免出現通常會出現的焦慮和擔憂。它幫助我們把思想理性化，給我們空間從我們的問題向後退一步，改從其他角度看待它們。你會發現，即使你沒有有意識地思考你的問題，你的大腦很可能仍然在下意識地解決問題。

如果你對跑步和騎自行車感到焦慮，那可以從少量步行運動起。有氧運動的好處體現在心率的「第二區」（Zone 2）。「第二區」是中等強度的鍛鍊，你可以一面鍛鍊一面談話。這表示你無須拚盡全力，又大汗淋漓又喘大氣。還能談話的快步行走對你的整體健康極為有益。每個人的「第二區」都不相同；對某些人來說，它是一次輕鬆的慢跑，而對其他人來說（我就是如此）則是遛狗或在平坦的道路上騎自行車。「第二區」屬於你的有氧運動區（aerobic zone），這表示你應該能夠長時間維持該狀態而不會感到疲勞。

運動如何改善情緒

1 ──跑步、游泳、步行和騎自行車等有氧運動會增加流向大腦的血液，從而增強大腦的氧合作用和向神經元輸送營養。這會刺激「腦源性神經營養因子」的產生，它們會與受體結合，增強其完整性。

2——運動會釋放多巴胺、正腎上腺素和血清素等讓人感覺良好的神經傳導物質，它們會改變你的神經生物結構，從而改善你的情緒。多巴胺和血清素是大腦化學物質，可以支持你的心理健康，甚至可以刺激「腦源性神經營養因子」的釋放。這些神經傳導物質的不足與憂鬱症狀有關。

3——內啡肽是體內產生的天然止痛藥。它們會在運動和其他活動（例如笑和哭）時被釋放。「內啡肽」一詞的意思是「內源性嗎啡」，因為它產生於體內，具有類似嗎啡的作用。它們負責減輕疼痛並促進幸福感和欣快感。它們能減弱疼痛訊號，產生愉悅感和獎勵感。

4——在前面的章節中，我們討論過抗壓韌性和如何利用運動來提高你對壓力的承受力。運動可以幫助身體的壓力系統更好地適應自願壓力，這讓我們能夠更好地應對生活其他方面不可預見的壓力事件。

5——在「階段1：打破循環」中，我們談過興趣嗜好在調節壓力反應的重要性。我們也在「階段1：你的思想的力量」中談過我們思想的力量極其強大，所以如果我們的大腦仍在思考壓力事件，它會繼續感覺我們的身體受到威脅。運動可以暫時分散注意力，因為它需要專心致志。所以，做運動可以把我們引離開負面思想和反芻（它們與憂鬱相關），讓我們大腦有時間去恢復。透

過類似「重新啟動」我們的思想，身體活動可以幫助我們打破負面思想模式的循環。

6 ——從事有氧運動會增加我們大腦和身體中的粒線體（mito-chondria）。粒線體是細胞的發電廠，負責為我們身體的每個細胞產生能量，對於細胞健康和功能起著至關重要的作用。粒線體負責產生「三磷酸腺苷」（adenosine triphosphate, ATP），那是我們系統中最基本的能量形式，堪稱之能量貨幣（energy currency）。充足的「三磷酸腺苷」對維持最優化的大腦功能非常重要，並有助於改善情緒和心理清晰度。粒線體也在神經傳導物質的代謝中發揮作用。神經傳導物質（例如血清素和多巴胺）的適當調節對於情緒調節至關重要。粒線體過程的功能障礙可能會破壞神經傳導物質水平，導致情緒障礙。粒線體也參與管理細胞中的氧化壓力（oxi-dative stress）和發炎。慢性氧化壓力和發炎關係到各種心理健康狀況，包括憂鬱和焦慮。因此，改善粒線體功能可能會減少氧化壓力和炎症，從而有益於情緒。

7 ——灰質的體積可以靠運動來增加。固定從事體力活動（包括有氧運動和阻力訓練）已證明可以促進神經可塑性。在與學習和記憶有關的一些關鍵腦區（如海馬體），灰質體積的增加與有氧運動有關。

運動有助於肌肉因子的釋放，進而支持神經元的生長和維持，促進大腦的壽命和完整性。這在很多方面都對我們有好處：

從幫助我們學習新事物到有益我們的老化過程、大腦健康和長壽。

8——神經運動訓練（neuromotor training）——指可以增強協調性、平衡性、敏捷性和本體感覺的運動——可刺激神經可塑性。從事這些活動可以鼓勵大腦建立和加強這些連結。研究顯示[79]，神經運動訓練甚至可以降低認知能力下降的風險，因而有助預防神經退化性疾病。[80]

▎問答

你記不記得你曾經有過這樣的經驗：當你反芻一個問題或甚至是反芻你自己的時候，因為心煩而到外面去散個步，然後感覺好多了？

如果這沒有引起你的共鳴，你能找到一種方法將這類運動納入你的一週嗎？比方說每天從事20到30分鐘來清醒你的頭腦。

然後再回頭省思一下，有氧運動怎樣改善了你的情緒。

▌我推薦的每星期運動方案

雖然有些肌肉因子是在有氧運動期間釋放較多，但許多肌肉因子都是在重量訓練和阻力訓練期間釋放。我的建議是每星期採取兼含這兩種鍛鍊的運動方案。

- 大約150分鐘「第2區」的有氧訓練：穩定節奏的運動。
- 3至8分鐘「第5區」的訓練：時間短但具挑戰性的運動。
- 每星期2至3回重量訓練：有理由主張，阻力訓練是獲得健康長壽的最佳訓練方法。
- 盡可能整合神經運動訓練：平衡／協調等。

第一區
非常輕鬆的運動：伸展操

第二區
輕鬆的運動：緩步慢跑、爬樓梯、輕量阻力運動

第三區
增加有氧耐力的中度運動：中度速度慢跑或騎自行車

第四區
高強度運動：砸球、拳擊、間歇跑或重量級舉重

第五區
極高強度運動：短跑或塔巴塔（tabata）

▶重點重溫▶　你的肌肉直接與你的大腦溝通

- 許多人害怕做運動，或者認為做運動是對吃得太多的一種懲罰，又或是只是為了減肥而必須參加的可怕活動。

- 做運動的意義遠大於此。它與你的大腦有直接的通訊線路，能為你的大腦健康帶來廣泛的好處。

- 運動有助於釋放肌肉因子。肌肉因子是肌肉蛋白質，透過「肌腦軸」與大腦溝通。

- 肌肉因子有助於減輕憂鬱症狀、改善焦慮、具有神經保護特性並有助於維持突觸完整性，確保我們的神經元正確放電並有效傳達訊息。

- 運動具有抗發炎特性，可以保護大腦，使其免於出現神經退化。

- 運動可以釋放「腦源性神經營養因子」（一種保護神經元和突觸的蛋白質），從而增強神經可塑性。

- 運動可以多種方式增強情緒：主要是透過釋放肌肉因子，其次是透過釋放內啡肽和內源性大麻素等內源性止痛藥，再來是增加血清素、正腎上腺素、多巴胺和催產素等讓人感覺良好的神經傳導物質。

- 運動還可以增加粒線體密度，從而改善大腦和身體中每個細胞的能量消耗，使你更有效地利用能量，因此感覺更有活力。

睡眠遠比你以為的重要：

快速動眼睡眠對於
消除創傷經歷
和侵入性意念的情緒負擔
非常重要。

睡眠是你的頭號最優化工具

Sleep Is Your Number-One Optimization Tool

　　我知道你一定會翻白眼。這是當我告訴人們睡眠有多重要時，得到的常見反應。有一次，我和朋友的父親聊天，他對生理學不太了解。當我告訴他解決壓力和減肥的方法是多睡覺時，他咯咯地笑了。

　　「睡眠不足不會讓你變胖。」他說。

　　「不對，麥可。它確實會那樣。」我說。

　　當你不完全理解生理學層面發生的事情時，很難會知道二加二等於多少。睡眠會如何影響你的體重和生活的其他方面（例如免疫力和健康）呢？

　　勞勃‧狄尼洛主演的《高年級實習生》（*The Intern*）讓我記憶猶新。片中，他扮演一名尋找人生目標的退休金領取人士。他決定申請在一家快速發展的線上時尚公司擔任高級實習生的工作。安‧海瑟薇飾演該公司的東主兼執行長。她對工作極端投入，以致婚姻走向失敗。她為此承受很大壓力，不得不僱別人來做這份

工作，因此睡得不多。在其中一幕，海瑟薇的母親指出，每晚睡少於7小時的女性，體重大幅增加的可能性比一般人高出38%。

在2015年電影上映時聽到這句話，我覺得它是富裕母親為迎合節食減肥文化所說的故作驚人之語（讓人聯想到電影《辣妹過招》〔Mean Girls〕中蕾吉娜・喬治的媽媽）。但事實證明，此話是有事實根據。雖然電影中提到的變胖百分比可能和實際有出入，但睡眠不足確實蘊含著讓人變胖的風險。當時我並不知道這個，要到在大學裡學到有關睡眠的知識並讀了馬修・沃克（Matthew Walker）的暢銷書《為什麼要睡覺？》（Why We Sleep）之後，我才恍然大悟。我在這裡不是要談論減肥本身，而是想強調睡眠對我們的整體健康非常重要，特別是想強調它可以影響我們改變行為的能力。

我們有理由主張，睡眠是養成新習慣和做出改變的最重要的一步。那是我們所有的記憶和新獲得的資訊在大腦的記憶中樞進行鞏固和編碼的地方。當我們處於清醒狀態，大腦會積極處理和獲取新資訊。最初，這些記憶都脆弱和容易朽壞。當我們睡覺時，大腦會在記憶中樞形成新的突觸連結，來穩定這些記憶，以便我們以後可以回想起來。這可鞏固新的記憶和你在白天獲得的資訊。此外，當你睡得不好，你可能會難以集中精神，無法清晰思考。我很熟悉這種感覺，聽說大多數人都是如此。這也會讓我們在第二天較難保有新的記憶。

包括重組大腦線路的能力在內，我們的許多生物功能都離不開睡眠。我們在階段1討論了壓力，談到低電量模式會損害我們大腦進行可塑性改變的能力。睡眠不足會讓我們陷入這種狀態。

睡眠是不可或缺的生理過程,深刻影響著人體和心靈。除了鞏固記憶之外,它還在維持身體健康、認知功能、情緒穩定和整體生活品質方面發揮著至關重要的作用。

本章將討論睡眠與神經可塑性的關係,但我也想強調其他一些同樣會受睡眠不足影響的重要生物功能。為了了解睡眠,讓我們來分解一下我們的大腦在晚上應該做些什麼。

當我們睡覺時,我們會經歷兩個睡眠階段:「快速動眼睡眠」(rapid eye movement, REM)和「非快速動眼睡眠」。每個週期持續約90分鐘。晚上稍早,我們會經歷兩段的「深度睡眠」(deep sleep),那是最慢波的睡眠,對我們的大腦和身體來說有著最大的恢復效果。如果你睡得好,夜間可以三次進入「深度睡眠」。通常,你會在入睡後一小時內進入深度睡眠,隨著夜晚的推移,每個週期逐漸縮短。這個階段的睡眠是具有關鍵性的恢復性睡眠,可以讓身體得到修復和成長,並鞏固新的記憶。它還負責透過類淋巴系統(glymphatic system)清除大腦中的毒素。此系統確保中樞神經系統中有毒代謝物的有效消除,故可將其視為大腦的廢物清除系統。當這個系統無法正常運作時,就會導致神經元損失、炎症,甚至可能導致痴呆。

有證據顯示,培養深度睡眠有助於深入思考、提高記憶力和學習能力。對於我們這些正在改寫我們的敘述的人來說,這些是非常重要的資訊。你甚至可能會發現,當你學習新事物(例如新語言),你會更累且可用的認知能量更少。你開始忘東忘西,漏帶鑰匙,發現自己精神恍惚。

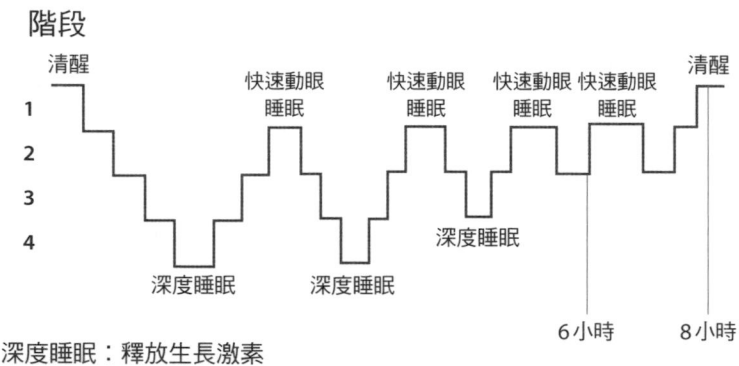

階段

深度睡眠：釋放生長激素
快速動眼睡眠：釋放睪固酮

▌睡眠和處理侵入性意念

「快速動眼睡眠」對於情緒處理和記憶鞏固至關重要。在「快速動眼睡眠」期間，大腦高度活躍並且會做夢。這個階段的睡眠與情緒調節、記憶鞏固和情緒經驗的處理有關。研究顯示，「快速動眼睡眠」在整合和處理情緒記憶方面發揮重要作用；它有助於消除與創傷經驗和侵入性意念相關的情緒負擔。[81]這個過程涉及記憶重組，有助於減少情緒反應和與創傷事件相關的痛苦。諸如「眼動減敏與歷程更新療法」之類的治療方法已經被開發出來，模仿「快速動眼睡眠」的某些方面，以幫助個人處理和管理創傷記憶。「眼動減敏與歷程更新療法」涉及引導眼球運動，被認為有助於減少此類記憶的情緒影響。

與清醒狀態相比，我們的正腎上腺素水平在「快速動眼睡眠」期間相對較低。正腎上腺素負責警覺性和覺醒。正腎上腺素水

平較低有助於情緒處理和消除與侵入性意念相關的情緒負擔。因此，正腎上腺素在「快速動眼睡眠」期間的減少可能可以加強大腦處理情緒和記憶而不觸發情緒中樞的能力。

▍睾固酮

男性和女性都有睾固酮（testosterone）：雖然它在女性體內含量較低，但它對兩性來說都是至關重要的荷爾蒙。男性的大部分睾固酮都是在「快速動眼睡眠」期間釋放，而雖然有關女性睾固酮的數據有限，但確實有證據顯示，女性的低睾固酮水平與較低的睡眠效率水平有關。這是一種雙向關係：睡眠不足會降低睾固酮水平，而睾固酮水平低則會影響睡眠時間和品質。

由於睾固酮主要在「快速動眼睡眠」期間釋放，因此僅睡6個小時除了意謂你失去了整個「快速動眼睡眠」週期，也意謂著失去了整個睾固酮釋放週期。一項針對健康成年人的研究發現，如果男性連續8晚每晚睡5小時，他們的睾固酮水平會下降10～15%。[82]這是個巨大數目，因為正常老化也不過會使睾固酮每年減少1～2%。

睾固酮是認知功能的關鍵調節劑，具有神經保護特性。它影響我們的入睡能力，也負責肌肉生長和骨質密度，如果我們睡眠不足，所有這些能力都會減退。

這與重組大腦線路有何關係？

睪固酮強烈影響突觸可塑性，在負責學習和記憶的腦區尤其如此。

它還可以加強大腦中新連結的紐帶，確保你重複的內容能夠被牢牢記住。

睪固酮與改善認知功能和注意力有關。我們談過，想要改變，有必要關注我們想要改變的事情。睪固酮透過每天提醒我們注意行為改變，在確保我們堅持行動計畫上舉足輕重。

睪固酮有益於認知功能，使我們能夠適應和改變以應對新的經驗。

睪固酮調節我們的心緒和情緒。這有益於情緒處理，甚至可能在抗壓韌性和情緒穩定性上起作用，幫助我們的大腦適應不同的情緒挑戰。

▎生長激素

　　另一方面，生長激素主要在「深度恢復性睡眠」期間釋放。無論你是運動員還是工作壓力大的人，也不管你的活動水平如何，生長激素都可以幫助你恢復所有功能，包括慢性壓力造成的損害，因此它不僅對健美運動員和成長中的兒童很重要，對任何人都至關重要。生長激素能調節代謝功能（例如胰島素作用和血糖水平），還有助於修復大腦中支持神經元功能的細胞。這些支持性腦細胞有助於認知功能和調節情緒。生長激素能改善警覺性、耐力和暴躁。因此，無論你是誰，如果你除了獲得充足的睡眠還獲得高品質的睡眠，將有助於你的整體身體健康、情緒健康和認知健康。

這與重組大腦線路有何關係？

生長激素與其他分子互動（例如與「類胰島素生長因子
1」互動）。它們一起對神經可塑性起著關鍵作用。

生長激素可增加多巴胺的釋放，而多巴胺參與獎勵路徑
和學習。多巴胺可幫助你記住什麼是令人愉快的，因此
可將其編碼為習得的行為。

生長激素會增加神經元的興奮性，使它們對訊息輸入更
加敏感，從而增加新溝通的黏著性。

發炎與免疫

睡眠對於維持健康的免疫系統極為吃緊。當我們睡覺時，免疫系統會消除導致疾病的受損細胞和不必要的病原體。你是否注意到，當你生病時，好好休息一晚可以讓你感覺好一點？

研究表明，每晚只睡6小時的人會改變他們的基因組成，導致健康狀況不佳，進而導致神經退化性疾病、糖尿病和心血管疾病。[83]一項為期一週的研究顯示，每晚睡6小時的人約3%的基因發生了負面改變。這些基因一半會影響人們的免疫系統並增加體內炎症，另一半會增加腫瘤進展的速度。

我告訴你這些，是因為我想讓你了解睡眠有多重要，以及如果我們不把睡眠列為優先事項，它會如何極大地損害我們的健康，使我們處於低電量模式。它還會抑制我們創造新記憶的能力和將心理健康保持在頂點的能力。它影響下至基因構成（genetic make-up）的所有生理過程。

- 健康成年人有大約20～25%的睡眠時間是花在「快速動眼睡眠」，所以，如果你睡7～8小時，「快速動眼睡眠」階段便佔100～120分鐘。
- 健康成年人有大約17～20%的睡眠時間是花在「深度睡眠」，所以，如果你睡7～8小時，「深度睡眠」階段便佔80～95分鐘。

獲得良好睡眠的最主要方法：

淋熱水浴有助於降低體溫

起床後不要馬上碰手機
（不要滑手機、發電子郵件和發簡訊等）

睡前 8 小時不可喝咖啡

睡前 1 小時不可看螢幕

睡前 2 小時不可進食

睡時房間關燈／戴眼罩

攝取 L– 蘇糖酸鎂（magnesium L-Threonate）

睡前做伸展操

照曬早晨陽光

照曬傍晚陽光

冥想

涼爽房間

做運動

▶ 重點重溫 ▶　睡眠是你的頭號最優化工具

- 我們大可主張，睡眠是創造新習慣和做出改變最重要的一步。它是我們所有的記憶和新獲得資訊賴以在大腦的記憶中樞獲得鞏固和編碼的方法。
- 「快速動眼睡眠」對於情緒處理和記憶鞏固極為吃緊。
- 「快速動眼睡眠」有助於消除與侵入性意念相關聯的情緒負擔。
- 在「快速動眼睡眠」期間，我們會釋放睪固酮：那是一種認知功能的關鍵調節劑，具有神經保護特性。
- 「深度睡眠」（慢波睡眠）對我們的大腦和身體最有恢復作用。
- 它有助於透過類淋巴系統清除大腦中的毒素。
- 有證據顯示改善深度睡眠有助於洞察性思維，提升記憶力和學習力。
- 生長激素在「深度睡眠」期間釋放。它能調節代謝功能（例如胰島素作用和血糖水平），還有助於修復大腦中支持神經元功能的細胞。
- 生長激素能改善警覺性、耐力和暴躁。

多巴胺不希望你快樂

多巴胺希望你擁有更多東西。
它總是在做下一件事。因此，
如果你靠著得到你想要的東西而快樂、
靠著實現你的目標而快樂、
靠著獲得晉升而快樂，那麼，
你將永遠追著快樂的屁股後面跑。

你的快樂是在當下。

多巴胺——
你的快樂是在當下
Dopamine —
Your Happiness Is Now

　　你對一種感覺不會陌生。你以為你達成某個目標就會快樂，以為你賺到某個數目的錢就會快樂，然而當你得到了加薪或夢想的工作的不久之後，你就意識到你仍然不滿意，開始期待下一次的加薪，以為那將會是最終能讓你快樂的事情。別誤會我的意思，金錢是有用的，加薪確實會帶來不同，但是因為財務更加穩定而感到快樂，與依靠下一個目標來獲得快樂之間存在著微妙的界線。

　　我問我的IG粉絲對這種感覺是否似曾相識，而他們舉出的最常見例子是減肥、學業成績、工作成就和金錢。還有其他例子，像是IG的粉絲數、貼文的點讚數和購買第一間房子。他們有些是職業運動員，對自己的任何勝利都不滿意。每當他們得到了他們認為想要的東西，就會感到無動於衷和不滿足。他們的滿足感只會持續很短的一會兒，然後他們發現內心深處仍然不快樂，有

些失落、孤單和沮喪。我太了解這種感覺了。我一直認為，當哪一天我體重量得x公斤時，我就會熱愛我的身體，感到快樂。但這種「到達謬誤」（arrival fallacy）——這詞語是塔爾‧班夏哈（Tal Ben-Shahar）創造——是一種幻覺。它讓我們以為，一旦我們成功了，一旦我們得到了我們想要的東西，最終實現了目標，我們就會感到快樂。當我們向著目標努力和取得進展時，大腦會釋放多巴胺。但直到最近，多巴胺一直被誤解。你知道嗎，多巴胺其實不是帶來快樂的化學物質，而是讓我們起意追求快樂的化學物質。它是獎勵路徑（reward pathway）的一部分，確實有助於讓我們體驗到快樂，但它不會給我們滿足感和獎勵感。代之以，它會透過將愉快經驗與想要再次體驗這些經驗的願望聯繫起來，加強這些經驗（因為它知道這些經驗讓你感覺良好）。

研究顯示，當我們實現目標時，多巴胺水平事實上會下降。[84][85] 這是因為多巴胺負責預期獎勵，驅使你追求獎勵，而為了維持多巴胺平衡和避免過度刺激，多巴胺會在你達成目標後迅速下降。大腦需要重置獎勵系統，為未來的追求做好準備。

快樂事實上是來自於血清素、催產素和內啡肽等好幾種神經傳導物質的混合，它們有助你產生成功的快感。正如利伯曼（Li-eberman）和隆（Long）在《欲望分子多巴胺》（*The Molecule of More*）一書中貼切地解釋那般，導致快樂的混合神經傳導物質被歸類為「此時此地」（Here and Now）的化學物質。它們可以幫助你感受到當下的快樂。但如果我們不專注於當下並學習培養對當前所擁有的心生感激，這些神經傳導物質很容易會被多巴胺淹沒。這就是

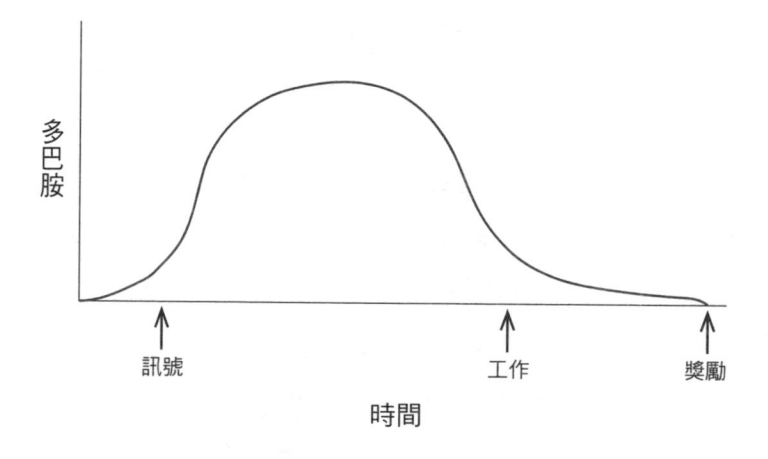

為什麼並不是每個人在實現目標時，都會感到快樂突然下降。有些人的成就感和滿足感比其他人持續時間要長些。

如果你在獲得成就之後仍然不快樂，因素可能有多端。

- 你需要依賴目標才能快樂
- 不享受達成成就的時刻
- 追求的是錯誤的目標
- 沒有正視不快樂的根本原因
- 透過設定目標來掩蓋不快樂
- 因為同儕的唆使，而走上與他們同一條道路
- 驅動我們生活的敘事是別人給我們的，不是我們自己想要的
- 多巴胺因不斷的即時滿足而被耗盡（見第258頁）

為了克服「到達謬誤」，我們必須學會一個道理：

真正的快樂來自旅程，

而不是目的地。

　　快樂來自於你在旅途中學到的教益：你達到的個人成長、你所培養的人際關係和旅途的意義。這與成長型心態理論和我們在識別我們的核心價值時所做的練習（第109頁）非常吻合。當你不再擔心終點線時，你就會開始生活得更喜樂。

　　「到達謬誤」稱，我們會在抵達終點線時感到快樂。但實際上不存在終點線，而除非你開始相信這個，你不會休息，因為如果你要到抵達終點線才會快樂，你就會意識到在那之後還有另一條終點線，之後又是另一條……

你唯一的比賽就是與自己比賽。

輕鬆自在地活在當下。你不會再次得到這個當下。

　　你可能會納悶，你在知道了這道理之後會不會動力全失？因為如果沒有真正的比賽，沒有人和你一起比賽，那比賽的意義何在？但認識到這一點反而給了我們一個不同的視角，可以激發我們下定決心追求不斷進步、設定更高標準並努力實現個人成長和發展。這時，焦點從比較人我轉向成為日好於一日的自己。

　　利用別人做為良性競爭的誘餌並沒有什麼不好。你同事獲得同樣的晉升可能會激勵你在工作上表現得更好。是的，這很公平，所以就去做吧。但你的同事不會參加每場比賽。他們不會參

與主要比賽,也就是你生命中的終極比賽。意識到你的主要競爭是內在的,可能會促使你重新評估你的目標和策略,以更好地符合你的個人價值觀、興趣和能力,從而帶來新的目標感和動力。從而帶來更多生活。

▌問答

在這趟追求改變之旅中,你學到了哪些經驗教訓?

_____

_____

這段旅程對你有什麼意義?

_____

_____

你有什麼要感激的?

_____

_____

你以何種方式讓自己與成就脫鉤?

_____

_____

你在這段旅程中有獲得了可轉移的技能嗎？

_____

_____

勇往直前，不畏失敗。

勇往直前，不留遺憾。

因為每趟經驗都是一次學習。

我們知道我們的大腦有負面偏見。我們也傾向於依靠「到達」來獲得快樂。這可能會是招災之由。倒不如活在當下，享受眼前的一切。應該花時間欣賞生活中的美好事物，而不是老像倉鼠那樣不斷在滾輪上奔跑，專注於負面事情。並不存在真正的失敗這回事。我們所做的一切都是在學習，每一次失敗都是擺脫失敗的一個機會。神經科學告訴我們，快樂來自旅程而不是目的地，因為根本不存在目的地。強調個人成長和自我完善將鼓勵內省、自我覺察和致力於不斷學習和自我完善，這可以讓你過上更有目的感的生活。

▌即時滿足會降低你實現目標的動力

多巴胺負責動機和追求快樂，但它對於尋求快樂的行為也至關重要。它讓你想要、渴望、尋求和尋找能讓你感覺良好的活動。

我們稱之為尋求獎勵行為（reward-seeking behaviour）。當我們找到這些活動時，多巴胺會增加它們在未來被重複的可能性。

追求這些令人愉悅的活動可以驅使我們完成特定的任務和行為，從而帶來正面的結果。例如，如果你學習是為了取得好成績，那麼你很可能會為未來的考試而努力學習，因為你知道努力會有回報。又或者你會從事一些能帶給你快樂和滿足的嗜好，尤其是當你開始注意到它們讓你的健康有所改善時。然而，當這種尋求獎勵的行為變得過度時，它可能會導致成癮。又如果這些活動提供強烈的獎勵（藥物濫用和暴飲暴食便是如此），便有可能導致不健康的、週期性的獎勵尋求模式，哪怕這樣會產生不良後果。

即時滿足是指無須等待或付出太多努力，就從一個獎勵獲得立即的滿足感和快樂。它在尋求獎勵的行為中發揮著重要作用，並且傾向於優先考慮短期滿足感，而不是需要耐心和努力的更實質的獎勵。這會對我們的多巴胺水平和大腦的獎勵系統產生巨大影響。即時滿足感可以來自諸如瀏覽社交媒體、玩太多電子遊戲、吃冷凍餐或吃高度加工的含糖食品等。另一個典型的例子是，儘管一個人的長期財務目標是存錢買房子，但他還是進行了衝動購物。如果適度的話，這些事情都沒有什麼壞處。問題在於，這些活動會引發多巴胺快速且強烈的釋放，帶來愉悅感，卻不需要你付出任何努力。

對於任何人（包括過動症患者），基本規則是我們需要付出努力才能獲得獎勵。如果我們經常依靠即時滿足來讓自己感覺更好，就會破壞大腦的獎勵系統和多巴胺水平。這是因為我們的多

巴胺基準線被改變了，讓我們需要更多的多巴胺來感受到做事情的動力。通常，當你的多巴胺水平處於基準線時，你會感到沾沾自滿，沒有動力去追求自己的目標。為了感到有動力，你的多巴胺水平需要上升，而這需要付出努力。問題在於，得來容易的多巴胺劑量（例如得自社群媒體的）最終會改變你的多巴胺基準線，而這表示你需要更多的多巴胺才能有動力去做事情。

即時滿足會降低我們的動力，使我們大腦的獎勵迴路變得不敏感，導致我們需要更多的多巴胺來感到有動力去做任何事情。當我做運動時，我非常了解這種感覺。如果我在運動前一直拚命瀏覽社群網站，做起運動來就會舉步維艱，缺乏將一隻腳放在另一隻腳前面的動力。所以，我通常在瀏覽社群網站和從事任何獨自進行的運動之間留出至少30分鐘的時間，以確保我完成整個運動過程，不會每5分鐘就有放棄的念頭。

因為即時滿足會釋放大量多巴胺，我們大腦對多巴胺的反應會減弱，所以我們很難從需要更多努力的活動中經驗到相同程度的動力，因而對做運動、長期計畫乃至出門買菜之類的雜事興趣缺缺。

當你的大腦知道了某些活動可以帶給它即時滿足時，它可能會青睞這一類獎勵多於需要付出努力的獎勵，特別是當後者需要較久時間的努力的時候。患有過動症或積極性較低的人尤其容易如此。這其中有一個陷阱：滑手機以快速獲取多巴胺會讓你產生一種虛假的動力感，這些多巴胺極不穩定，很快就會消散，因而進一步降低你的動力。

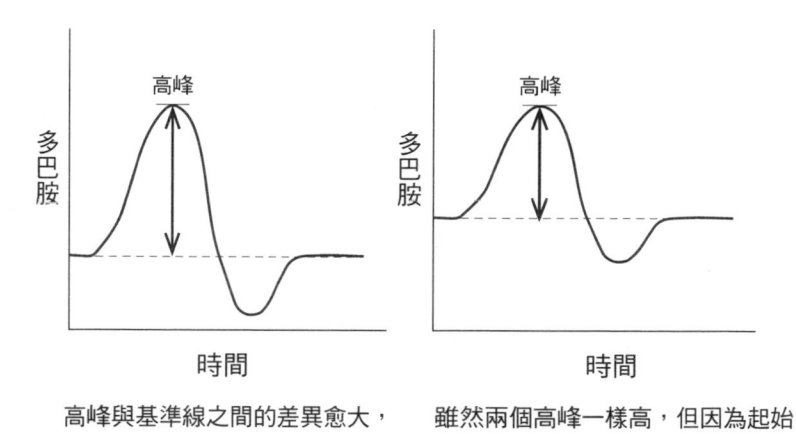

高峰與基準線之間的差異愈大，
釋放的多巴胺愈多。

雖然兩個高峰一樣高，但因為起始
基準線較高，釋放的多巴胺較少。

追求多巴胺的一條規則：

建議每個人（包括過動症患者）致力獲得
需要付出努力的獎勵。

　　運動和洗冷水浴之類的活動看來會以指數方式增加多巴胺，
卻不會立即消散。研究顯示，冷水浴（將身體浸入冷水中直至頸
部）會使多巴胺增加約250%，最多需要3個小時才會下降。[86]
想從冷水浴中受益，水需要冷但可以忍受，個人需要保持精神平
靜。有些人能夠忍受更冷水溫，有研究已經把水溫下調至攝氏
14度。不是每個人都適合洗冷水浴（我理解這一點），但還有其
他方法可以增加多巴胺。

運動

跑步

繪畫

烹飪

曬太陽

冥想

專注工作

舉重

體驗新事物

　　基本上，無論你選擇從事的是上述哪一種活動，都需要付出努力。太多的即時滿足會擾亂我們的多巴胺系統，讓我們坐上追逐高點的危險過山車。下次當你連續幾小時瀏覽社群網站時，請注意你的感受。當我在社群媒體上花費太多時間時，我開始變得煩躁，而且隨著時間的推移，我實際上變得更加上癮。我得使勁才能擺脫它，然後又得使勁才能找到做其他事情的動力。

　　我們的大腦天生具有保持平衡的能力，因此當你的多巴胺水平不斷飆升，大腦可能會對此進行補償，讓我們需要更多、更頻繁的多巴胺分泌才能感覺良好。這會降低我們追求長期目標的動力和樂趣。保持健康的尋求獎勵行為以避免耐受性和成癮至關重要，因為不健康的尋求獎勵行為最終會導致焦慮和憂鬱。如此，我們對生活會失去動力，陷入反芻性思想。這與我們想拆解我們不斷重複的敘事的目的背道而馳。

如何改掉老滑手機的習慣

把你的大腦想像成肌肉。你鍛鍊它愈多，它就愈好用。

規定一個專門的工作時間（從小事做起）。

人所經歷的干擾近五成都是自找的，但這是可以訓練的。

把手機調至飛航模式，放在另一個房間。

進行冥想以提高專注力。

學會忽略干擾，將思想轉移到工作上──這是一項技巧。

洗冷水浴／做運動有助於釋放多巴胺。

有些專門阻止應用程式的應用程式（這是有點諷刺，但它們行之有效）。

▎利用無聊

安娜・蘭布克（Anna Lembke）在她的暢銷書《多巴胺國度》（*Dopamine Nation*）中解釋說，痛苦和快樂在同一個系統中是平衡的。當我們感到快樂時，不久之後就會感到一陣痛苦。這種痛苦通常以「我想要更多」的形式出現。你對那種想再看一集電視、吃多一些巧克力、回去度假的感覺不陌生吧？那是多巴胺在想要更多。如果蹺蹺板嚴重失衡，導致我們在兩者之間搖擺，最終可能會導致上癮。你是否曾經將手機忘在家裡，因而產生一種可怕的焦慮感覺？手機成癮非常常見，在年輕人當中尤其如此。2022年的研究估計，年輕人手機成癮的比例為61%。[87]

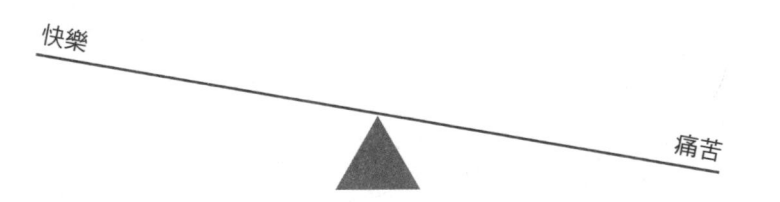

如果你沒有藥物成癮的問題，那麼無聊可以讓你重啟蹺蹺板，讓它上上下下搖動。試試看不拿手機，無聊地坐著。坐在無聊中可以讓你進入大腦的某些部分，踏上一段神遊的創造性旅程。我們總是受到外在的影響。你上次做白日夢是什麼時候？透過不斷擾亂我們的多巴胺系統（追求更多的娛樂、追求更多讓我們分心的活動），我們正在失去感到無聊的能力。無聊是一種技

能，而當你經歷這個階段時，你可能會想要尋找其他尋求獎勵的活動，例如吃巧克力、花錢和網上購物等。但明智的做法是學會在無聊中感到舒適，不參與任何快速產生多巴胺的事情，確保在獲得快樂和獎勵時有付出努力和延遲滿足。

並非所有任務都會令人愉快，但有些任務是
不容商量的。

並非所有任務都會成為習慣，尤其是那些費力且令人不快的任務。但有時我們不得不做這些事。例如，有些人覺得運動很有趣，可以一個人做，而有些人則不然。對於後者，我的建議是和朋友一起做運動，讓運動變得好玩。我們必須明白，有些任務我們必須習以為常，永遠堅持不懈。我們不能總是依靠動機來驅動我們。有些事情是沒有商量餘地的。

▶重點重溫▶ 多巴胺——你的快樂是在當下

- 多巴胺不是產生快樂的化學物質，而是讓我們起意追求快樂的化學物質。
- 研究顯示，當我們達成一個預期目標，多巴胺水平就會下降。
- 「到達謬誤」讓我們誤以為，一旦得到想要的東西或達成追求的目標，我們就會快樂。

- 多巴胺不希望你快樂，它希望你擁有更多東西。
- 如果你靠著得到你想要的東西而快樂、靠著實現你的目標而快樂、靠著獲得晉升而快樂，那麼，你將永遠追在快樂的屁股後面跑。
- 真正的快樂來自旅程而不是目的地。
- 即時滿足會降低你邁向目標的工作動力。
- 如果我們優先追求即時滿足和即時快樂，不願意等待或付出太多努力，可能會導致不健康的、週期性的獎勵尋求模式。
- 即時滿足會降低我們的動力，使我們大腦的獎勵迴路變得不敏感，導致我們需要更多的多巴胺來感到有動力去做任何事情。
- 追求多巴胺的一條規則：建議每個人致力獲得需要付出努力的獎勵。
- 把做運動和做飯列為優先，而不是老叫外送和避免做專心致志的工作，因為滑手機要容易許多。
- 利用無聊來重啟獎勵循環。
- 痛苦和快樂在同一個系統中互相轉換。獲得獎勵後，你會感到一些痛苦，這通常是表現為「我想要另一塊巧克力」之類的心理。明白到這是暫時的和忍耐不舒適有助於重啟天平。

信賴你的直覺：

個人擔當（personal accountability）可以建立
自我信賴。自我信賴可以建立信心。

建立自我信賴和信心

Build Self-Trust and Confidence

　　你有沒有認識這樣的朋友：他老是打電話向你尋求建議，但也打電話向另外十個人尋求建議，卻又誰的建議都不採行？我就是這樣的人，而我也有幾個這樣的朋友。我會那樣，是因為我在進行一場內部爭論。我知道解決方案，卻又不完全信賴它。我相信大多數人都有過不知道是否可以完全相信自己的直覺的經驗。導致這種感覺的可能原因有好幾種。你過去可能有過負面經驗，而這些經驗影響了你的判斷，讓你擔心不好的事情可能會再次發生。或者你有懷疑，因為你想太多了。你也可能擔心結果或害怕被拒絕。但解決方法是透過建立自我信賴（self-trust）來建立信心（confidence）。

　　信心是一種威力強大的技能，可以幫助我們更積極地應對生活，而我們可以透過實施自我信賴來學習它。自我信賴是對自己的能力有信心、建立個人擔當，並信守對自己所做的承諾。當你對自己的能力有信心並能控制自己的決定和判斷時，你就為個人成長、成功和整體心理幸福奠定了堅實的基礎。

　　自我信賴會滲透到我們生活的各個方面，讓我們學會以更從

容的心情面對所遇到的事情。當我收到那家世界聞名的出版社寄來的第一封電子郵件時，我欣喜若狂。當時協助我處理電子郵件的姊姊對我說：「妳會想要坐下來看看這封。」我高興極了，心都要爆炸了。這個機會會輪到我，是因為我已經準備好向世界展示一些東西，而不害怕不知道自己是誰和自己想要什麼。如果是一年前有這種機會，我不知道我是否已經準備好。但考慮到我在這之前幾年所經歷的轉化，我知道我已經準備好了，心情平靜。我快樂和興奮，但又平靜。

我為與編輯通電話做準備工夫，為這本書寫了一個提案，讓我的直覺來負責書寫。從頭到尾，它都是從我身上傾瀉而出。我從來沒有寫過令我如此自豪的東西。當然，這需要做很多工作，但它們都是我原創的想法，整理下來集中在一塊。我的自我信賴和信心（以成長型心態為基礎），讓我能夠寫出一些不帶有任何恐懼的東西。我並不害怕結果。我知道，如果這次不成功，下次就會成功。也許其他出版社會聯絡我，我會吸取這次經驗，下次做得更好。這種程度的自我信賴讓我能夠拿出最好的作品，並真正為之自豪。

我透過確保個人擔當來建立這種程度的自我信賴和信心。我對自己的行為、決定及其後果負責。在我對自己許下承諾之後，我信守它們。當我說我要早上6點起床去跑步時，我說到做到，因為這是我對自己有過的承諾。如果我不能信賴自己，那我還能信賴誰呢？我怎麼能指望別人信賴我呢？

你有多少次違背了對自己的承諾？違背我們對自己的承諾會

破壞我們與自己的關係，進而破壞我們在世界中的信心。

建立自我信賴的步驟

尊重你的保證──當你對自己有所承諾又信守它們時，你就會增強你的自我信賴。這可以是完成待辦事項清單上的一個任務，又或是在你說要上健身房時說到做到。

設定切合實際的目標──這表示你對自己的承諾必須是切合實際和可實現的。你還需要忠於自己，把目標和承諾設定得與你的價值觀一致。例如，你有些目標可能不是你為自己設定，而是為了與別人看齊。又或者你設定的目標太難實現，將不可避免地以失敗告終。現實一點，設定真正與你一致的目標。

慶祝你的成就──即使是小成就也加以慶祝。我們的大腦喜歡專注在負面的事情，所以一定要慶祝你的勝利，這樣你就可以開始改變你的敘事，看到自己的優點。這將增強你的自我信賴，使你能夠認識到自己有成功的能力。

成長型心態──記住，每次失敗都是一個學習的機會。你要麼成功，要麼有機會學習。因此，不要對失敗耿耿於懷，而應該把焦點放在如何改善自己。

聆聽你自己──注意你的想法和感受。相信你的直覺。傾聽你的

直覺並據此採取行動將增強你的自我信賴,這讓你能夠在生活中為自己辯護。有時,這意謂著騰出時間來冥想、伸展、散步,或進行任何能讓你脫離外部世界的活動。記住,創造心靈休息很重要,它讓我們能夠接觸到大腦中那些讓我們清晰思考的部分(參閱第65頁)。

自我信賴和相信你的直覺兩者是緊密相連的概念,它們在決策、個人成長和我們的整體福祉中發揮著重要作用。相信你的直覺需要以自我信賴為基礎。如果你能夠信賴自己,就可以使用大腦儲存的過去經驗做為訊號。當你依靠直覺時,你會開始發現你正在感覺的事情是以前就經驗過,所以可以做出更好的決定。例如,你處於一段新的情感關係中,而對方開始流露出危險訊號。你的直覺告訴你,有些事情不對勁,因為你以前也經歷過類似的事。你的內心深處知道要提高警戒,儘管你的有意識大腦試圖合理化危險訊號,找原因來忽略它們。

你的直覺是你的潛意識心靈在沒有意識覺察(conscious awareness)參與下做出決定的結果。研究顯示,即使我們沒有有意識地思考,仍然可以做出決定。[88] 你的潛意識大腦是一個由相互交織的神經元組成的網絡,它們不斷地相互溝通。這些想法不會一直出現,因為你的意識大腦能裝載東西的能力有限。如果你的潛意識不斷提醒你擁有的每個記憶,你將沒有空間去思考其他事情。不過,記憶仍然存在。有時它們會做為直覺出現,起初是你不能完全理解,但到了靈光乍現的那一刻,你便會知道事情本來

一直明明白白得讓人痛苦。

當你信賴自己，你就更有可能信賴直覺向你發送的訊號。這是一種互惠的關係，因為當你依賴自己的直覺並看到它的正面結果時，它會透過表明你有一個與生俱來的聲音在對你說話來增強你的自我信賴。自我信賴和相信你的直覺，可以共同推動你做出與你的真實身分和你想成為的人一致的決定。你愈倚向它，你的直覺會愈清晰、愈可靠。

> 「我生命中的大部分問題都是因為我的頭腦
> 跑在我的心太前面。」
> ——馬修・麥康納（Matthew McConaughey）

信賴你的直覺是你能為自己所做的最好的事。我知道，即使你有時直覺很強烈，仍然會懷疑自己會否行將犯下重大錯誤。我欣賞這一點。但學會信賴你與生俱來的直覺意謂著你開始過著頭腦和心合一的生活。在這種生活裡，一具內在的指南針引導著你穿越存在的迷宮。它帶著你穿過輕鬆時期，也帶著你穿過困難時期。信賴你的內心所說的，並讓你的頭腦補充這種智慧。在這種美好的合作中，你將找到追隨夢想的勇氣、克服挑戰的韌性和創造自我的靈感。知道這一點意謂著你可以少一些恐懼，因為你會知道，當其他一切都失敗時，當每個人都不同意你的時候，你會得到自己的支持。這種內部協調不是我們所能要求的最好事情嗎？

▌問答

回想在最近發生的事件中，也許是情感關係中，當你應該信賴自己的直覺時，你選擇了忽略哪些危險訊號？

_____

_____

_____

你從那次經驗中學到了什麼？你看得出來你的直覺是一種自我信賴嗎？

_____

_____

　　經歷這個自我信賴和對自己信守承諾的過程，在一開始可能會不舒服。有些時候你可能想要恢復自動狀態。可能你會這樣做一陣子，因為你一定會既有順心的時候，也有不順心的時候。但不要忘記，大腦不會在一天內忘記所有事情，就像它也不會在一天內學會所有事情一樣。大腦是可塑的，它不是鬆緊帶，改變不是線性的。

如果你有幾天違背了承諾，
請不要擔心。

不要為此自責。

思索你為什麼這樣做。

記住，大腦喜歡恢復自動狀態。
承認這一點可幫助我們理解
為什麼我們在努力改變時
會碰到阻力。

重回正軌，不要沉迷於負面事情。

提醒自己你為什麼要建立自我信賴。

　　如果你一直在努力工作，但開始出現失誤，請記住，你不會在一夜之間忘記這一切。它不會突然消失，因為你奠定的基礎仍然存在。發生這種情況時，請對自己保持耐心並按照上述步驟操作。

　　記住，為了把能量節省給更需要絞腦汁的工作，大腦喜歡走捷徑，也不太想要改變。沒錯，大腦是被設計成為可改變的，但它的主要任務是讓你活下去。因此，改變有時會讓人覺得是困難的。假設你想改變起床後第一件事就是看手機的習慣。那麼，你每天醒來後都需要提醒自己你想這樣做。起初這會讓人感到不舒服，因為你的大腦會想要恢復到自動狀態。你甚至可能醒來後忘記你想要戒掉馬上看手機的習慣。但不要擔心，習慣不是一朝一夕養成的。

　　有些事情是你可以做的。

1 ——在前一天晚上，想像自己第二天起床時沒有馬上看手機。想想你醒來後如果不是在瀏覽社群媒體，都會做些什麼？當你知道自己無論如何都想做這件事時，你會有什麼感覺？你的大腦喜歡做它最熟悉的事情，也就是走捷徑。提醒自己多巴胺對短期獎勵的渴望，以及這對你早上的影響。記住所有這些事情意謂著我們對自己有更多的同情。

　　許多人認為他們沒有意志力，或者認為他們的性格類型決定了他們的意志力。但當我們用知識來賦予自己力量，就會奪回控制權，看出我們可以打破模式。還記得上面是怎樣教我們甩掉負

面思想，以及切斷「觸發原因」和「回應」涉及哪些步驟嗎？目前，你的大腦是按照一個非常強大的溝通紐帶在運作，這溝通紐帶就是「觸發原因」（醒來和想要看手機）與「回應」（自動伸手去拿手機）。如果你在「觸發原因」和「回應」之間留有足夠的空間，假以時日，這個紐帶將會變弱。

2 ──你可以做的第二件事是改變你的習慣提示（參閱階段1：神經工具包）。如果你搬到一個新的國家，你會更容易打破一起床便看手機的習慣，因為換一個新環境讓你的大腦有機會重新開始。因此，改變現狀是打破模式的一種有效方法。你也許可以買個鬧鐘，然後把手機調成飛航模式，放在另一個房間。你也可以更換鬧鐘或將手機放在房間的另一個地方。如果你認為你很有機會無法信守起床後不馬上看手機的承諾，請選擇較極端的做法（把手機放在另一個房間）。

有時，早上醒來時我會有馬上看手機的衝動，但我抗拒這種自動的行為，因為我知道，到最終，醒來時沒有該種衝動將成為我的新習慣。創造新習慣是新潮流。但你必須克服不舒適，直到依次放電的神經元連結不再以這種方式通訊，直到你醒來後不再關心手機是否被通知灌滿。自責會讓你產生一種虛假的控制感（你無法改變過去），但透過自責，你可以因為自己較明理而感覺較好。記住，大腦想要走阻力最小的路徑。我們在開闢新路線時必須要有耐心。

擁有強大的自我信賴意謂著你將擁有更多的信心，而這又意

謂著你可以開始接受更多的挑戰，毫無畏懼地擁抱新的機會。這使你能夠掌控自己的行動和決定，從而培養出對生活的掌控感。這些特質加上成長型心態，可以幫助你追求夢想並過著充滿勇敢和決心的生活。

對我來說，建立自我信賴意謂著我有一些沒有商量餘地的事要做。這表示我做事是憑慣例，不管有沒有動力都去做。動力是暫時的，當我了解到每個人的動力都會有消失的時候之時，我才開始重視持之以恆，好讓某些行為根深蒂固地烙印在腦海裡。例如，大多數時候，如果撫心自問的話，我是不想離開家裡去做運動的。我更容易迷失在工作裡，稱自己為「太忙」。但當我早上6點起床並以某種方式活動身體時，總是有很好的感覺。這對我來說很有效，因為我是個晨型人。你可能不是，但那也無所謂。只是對我來說，早起和做運動比睡懶覺更能讓一天的其他時間更有條理和運作暢順。不要誤會我的意思，我確實相信有時偷偷懶是很重要的，但多年下來我已經知道自己的界線何在。對某些人來說，早上8點才起床然後只走路而不跑步絕對沒有影響。重點在於，你要找到你的不容商量目標，然後堅持下去，因為這樣你就會增強自我信賴。從可實現的目標開始，然後根據需要添加項目。

動力只能讓你走一段路，然後你就需要依靠紀律和慣例。就像發條一樣，齒輪需要不斷重複滴答作響，才能按照你想要的方式為大腦接線。我向你打包票，你的動力一定會消散，所以不要習慣依靠動力，因為這就是人們通常無法達成任何改變的原因。

你有哪些不容商量的目標？

我的是：

- 週一到週五每天做運動，哪怕只是做做伸展操或溜遛狗。並不總是非得在早上6點為之不可，但除非我感到不適，我在一天中某個時間總會抽時間活動一下身體。運動的強度可因人而異。
- 晚上9點關掉手機。
- 睡8小時。
- 每天冥想／視覺化想像／自我催眠，即使就只做一分鐘也好。
- 盡可能減少使用社群媒體（藉此把我的心靈重新聚焦和避免自我打擾）。
- 不要早上一起床就看手機。
- 每星期至少去海灘游泳兩次。

你有哪些不容商量的目標？

_____

_____

你每星期想要實現這些目標的頻率是多少？

_____

_____

你能看出設立不容商量的目標的好處嗎？

_____

_____

你相信這可以讓你更加信賴自己嗎？

_____

_____

▶重點重溫▶　建立自我信賴與信心

- 自我信賴是對自己的能力有信心、建立個人擔當，並信守對自己所做的承諾。

- 擁有自我信賴可以增強信心。

- 建立自我信賴從尊重自己的保證和信守對自己的承諾開始。

- 慶祝你的成就會增強你自我信賴的能力，讓你體認到你有邁向成功的能力。

- 注意你的想法和感受。

- 信賴你的直覺。傾聽你的直覺並據此採取行動將增強你的自我信賴，讓你能夠在生活中為自己辯護。

- 你的直覺是你的潛意識心靈在沒有意識覺察參與下做出決定的結果。

- 研究顯示，即使我們沒有有意識地思考，仍然可以做出決定。

- 當你相信自己時，你更有可能相信你的直覺從潛意識向你發出的訊號。

- 動力是暫時的，因此，擁有不容商量的目標可以確保我們透過紀律把對我們有好處的事堅持做下去。

- 找出你的不容商量目標並堅持下去，因為它們會增強自我信賴。

尾聲
Outro

力量

自從雙手捧著第一顆人腦以來，我已經回答過很多問題。雖然有些問題我永遠無法回答（例如我捧住的大腦的主人是否快樂），但我知道，我們在這一生中被賦予了一組獨特的禮物。你獨特的特徵和品質是由被編碼到你 DNA 中的特殊基因決定的。人內在世界的大腦圖譜是任何其他人都無法複製的──這是無論我們如何努力要與別人融為一體都不可避免的。使用這些禮物吧。挖掘這些特徵吧。與世界分享它們吧。用它們來講述一個關於你的更好故事吧。向世界宣告自己的長項並不是一種我們應該迴避的自私行為。講述你的故事。講一個更好的故事……這是上帝賦予的權利。*

我永遠不會知道我捧著的那顆的大腦是否知道怎樣擺脫反芻思想，但我希望他快樂。我確實知道大腦是可以改變的。我們可

---

* 〔作者注〕我的意思是，不管社會希望你成為什麼樣的人和它如何搞陰謀對付你，也不管你一向聽到的敘事是如何和你被嵌入了何種人生軌跡……擁有某些與別不同的品質仍然是地球上每個活著的人與生俱來的權利。

以改變。我們是可以成為任何我們想成為的人的，是可以從頭開始創造自己的。給自己重新編程吧，過一種充實的生活，不再受反芻思想和壞習慣的枷鎖所捆綁。

我們的 DNA 告訴我們，我們這一生被賦予了一組獨特的禮物，而去發現它們並把它們分享給世界是我們的責任。只有生活、預期、制約和社會壓力告訴我們，我們沒有能力，我們不夠好，或者我們在某種程度上把事情搞砸了，或者做得太晚了。找到你的獨特品質，將其放大為偉大。然後幫助你周圍的人。偉大就是找到自己的品質，然後影響周遭的人讓他們找到他們的獨特品質。偉大就是了解你是誰，然後不求回報地將這了解傳遞給下一個人，以便他們可以不求回報地將其傳遞給下一個人。透過指導和行動將你的能量滲透到其他人身上。記住，愛創造了我們。

那麼容我再問一次：你擁有獨特品質是偶然得之還是蓄意為之？兩種成分兼有。

▎承諾

憑藉大腦中互相通訊的突觸之間的關聯，你可以創造自己的心靈，成為任何你想成為的人。

憑藉大腦中神經元之間的關聯，你有能力做任何事。

創造你自己吧。

對自己做出承諾吧。

與自己握手吧。

　　讓自己擺脫被困住的感覺。你已經在恐懼中奔跑了很長時間，但恐懼不是你的敵人。恐懼是你那樣做的理由。當你接受恐懼，你會發現它從一開始就沒有那麼可怕。世界會讚揚你的勇氣。所謂勇氣不是沒有恐懼，而是戰勝恐懼。它承認恐懼，但選擇帶著目標和信念前進。

　　勇敢地把自己丟進黑暗之中吧，然後你會知道你原來是讓你看見的燈。一盞令人快樂的燈，可以幫助你生活，不再有負面的自我信念，不再喃喃細語說你自己不夠好。

　　把自己丟進未知之中吧，然後你會發現你需要的每一點知識都在你的指尖，而你害怕攀爬的障礙，事實上是帶你越過界線的第一步。給你自己和你的大腦更多的信任吧，因為現在唯一給你掣肘的就是你自己。

　　你所經歷的一切已經讓你為此做好了準備。當事情再次分崩離析時（一定會如此），請記住，你已經被賦予了能耐，有能力應付生活中的坎坷。

　　面對恐懼，勇敢穿過未知……你永遠不知道另一邊有什麼。等著你的可能是失敗，也可能不是。當我告訴你沒有失敗這回事時，你大概會相信我。至少是沒有真正的失敗這回事。所以，失敗就失敗吧，它們全是一個學習的機會。你的競賽是與你自己競爭。

　　不要屈服於人我比較、說八卦和拚命滑手機。

　　過你的生活。

　　證明他們是錯的。

你始終擁有改變命運的力量，能夠將你被預設的人生軌跡改變為由你單獨決定。

配備著神經可塑性的知識……向前邁進。

寬恕

還有一件事是你需要去做。

改變自我之旅的最後一步可以說是最困難的一步，那就是……寬恕。

要擺脫我們在成長過程中被灌輸的畫地自限信念，我們需要寬恕那些無意或有意地給我們編程的人。首先，要對他們的意圖和情況有同情的理解，了解到他們會那樣做，可能只是受到自己的知識和經驗範圍的局限。透過將焦點從責備轉移到自我責任，我們認識到影響我們的那些人的錯誤，知道他們是被自己的恐懼和限制所驅使。透過承認他們的影響力的力量和我們給自己重新編程的能力，我們可以擺脫怨恨的箝制，為個人成長和治癒留出空間。寬恕給予我們所需的平靜和自由，讓我們擺脫過去信念的束縛，追求我們的潛力，使我們能夠塑造更光明的未來。沒有寬恕，我們就有可能變得和傷害過我們的人沒兩樣。

願這本書成為你在隧道盡頭所需要的光明。你達成改變所需的一切盡在本書裡，讀過它之後，現在它就在你的心裡。

不要與時間賽跑——美好的事物都需要時間。本書是被設計成讓你可以在任何時間、任何地點再次閱讀。你是你從事過的最

精彩專案。不要退縮。

　　用本書學來的知識去改變人生……闔上這本書，仰望天空……外面有一個世界，你可以用新的敘事在其中成為你想成為的任何人。

　　　　　　　　勇於創造你自己吧。

注釋

Notes

▌自閉症小識

對於「自閉症類群障礙」（autism spectrum disorder, ASD）的患者，一個主要理論認為他們的大腦有著非典型的連結性。在有些人，這種連結性可能被放大了，換言之，他們的神經元或大腦區域之間的連結性水平過高或增加（稱為「過高連結性」），而在另一些人，這種連結性有所降低（即「過低連結性」）。這些理論正在被人用來探索導致自閉症特徵的潛在因素。

「過高連結性假說」主張，大腦某些區域的神經連結可能過度生長，導致特定類型的資訊處理增強，但可能會損害其他資訊的整合。這可能會導致自閉症患者認知特性（cognitive profile）和感覺特性（sensory profile）的不平均。然而，這也表示雖然「自閉症類群障礙」患者可能會遇到一些挑戰，但他們也有一組獨特的優勢。自閉症患者具有神經可塑性，換言之，如果想要，他們能建立新的習慣和改變行為。

▎強迫症（OCD）小識

強迫症患者大腦的關鍵區域之一是尾狀核（caudate nucleus）。它通常有助於將注意力轉移到下一個任務。然而，患有強迫症的人經常會出現尾狀核功能受損的情況，這是該疾病的一個重要方面。這種缺陷阻礙了順利轉移注意力的能力。解決這個問題需要積極培養另類思考模式，挑戰尾狀核功能的減弱。透過學習和強化新的認知方法，個人可以對抗通常會遇到的挑戰，培養出改善心理健康和應對機制的潛力。

「認知行為療法」之類的治療介入措施透過幫助患者重塑思想模式和行為來利用神經可塑性。透過有針對性的暴露與反應阻止法（exposure and response prevention），大腦可以學習代替強迫性想法的較健康反應方式。這種重新接線過程有助於減輕症狀和改善情緒健康。

那麼，本書能幫助強迫症患者嗎？絕對可以。

▎過動症（ADHD）小識

過動症給努力想改變習慣和行為的人帶來相當大的挑戰。然而，人們對過動症存在一個重大誤解：認為過動症患者的注意力持續時間短，或無法集中注意力。更好的思考方式是，過動症患者的大腦注意力網絡存在非同步性（asynchrony），因此他們傾向於優先考慮他們認為最有心理回報的任務，阻絕周遭世界的其他部分。這是因為過動症患者有能力高度關注他們真正關心的事

情。換言之，他們常常會全神貫注於自己關注的任務，很難把注意力轉向其他事情，尤其是當後者沒有回報時。

　　這種高度專注可以是一種好處，它可以讓當事人實現他們努力追求的目標和夢想。但它也可以是一種壞處，因為過動症患者很難在日常生活中履行無聊但必要的任務。這可能會導致衝動行事、糟糕的時間管理和弄亂任務的先後順序。此外，動機和獎勵敏感性也在過動症中起作用：過動症患者常常得想辦法維持動機並對即時獎勵有更敏感的反應。這種高敏感度可能會讓人較難找到長期利益的必要動機，從而讓人較難致力於習慣的養成。儘管有這些障礙存在，患有過動症的人還是可以透過實施量身定制的策略來成功地改變習慣，包括將任務分解為可管理的步驟、設定明確的目標、使用提醒和組織工具，以及尋求適當的心理健康專業人士支援。過動症患者的大腦具有神經可塑性，換言之，他們的額葉皮質（負責「管控功能」的區域）可以加強。對於過動症患者來說，在實現小目標時使用正增強（positive reinforcement）非常重要，所以應該在完成平凡而無聊的任務時加以慶祝。這些小小的慶祝可以幫助多巴胺獎勵活動，鞏固關鍵大腦區域的神經元改變。

參考書目

Reference

1. Koch, G., & Spampinato, D. (2022). Alzheimer disease and neuroplasticity. *Handbook of Clinical Neurology*, *184*, 473–479. https://doi.org/10.1016/B978-0-12-819410-2.00027-8

2. Casaletto, K., Ramos-Miguel, A., VandeBunte, A., Memel, M., Buchman, A., Bennett, D., & Honer, W. (2022). Late-life physical activity relates to brain tissue synaptic integrity markers in older adults. *Alzheimer's & Dementia: The Journal of the Alzheimer's Association*, *18*(11), 2023–2035. https://doi. org/10.1002/alz.12530

3. Recanzone, G. H., Merzenich, M. M., & Jenkins, W. M. (1992). Frequency discrimination training engaging a restricted skin surface results in an emergence of a cutaneous response zone in cortical area 3a. *Journal of Neurophysiology*, *67*(5), 1057–1070. https://doi.org/10.1152/jn.1992.67.5.1057

4. Jean Liedoff: 'The Continuum Concept: In Search of Happiness Lost'

5. Lally, P., van Jaarsveld, C. H. M., Potts, H. W. W., & Wardle, J. (2010). How are habits formed: Modelling habit formation in the real world. *European Journal of Social Psychology*, *40*(6), 998–1009. https://doi.org/10.1002/ejsp.674

6. Crum, A. J., Salovey, P., & Achor, S. (2013). Rethinking stress: The role of mindsets in determining the stress response. *Journal of Personality and Social Psychology*, *104*(4), 716–733. https://doi.org/10.1037/a0031201

7. Jamieson, J. P., Nock, M. K., & Mendes, W. B. (2012). Mind over matter: Reappraising arousal improves cardiovascular and cognitive responses to stress. *Journal of Experimental Psychology. General*, *141*(3), 417–422. https://doi.org/10.1037/ a0025719

8. Wiehler, A., Branzoli, F., Adanyeguh, I., Mochel, F., & Pessiglione, M. (2022). A neuro-metabolic account of why daylong cognitive work alters the control of economic decisions. *Current Biology : CB*, *32*. https://doi.org/10.1016/j. cub.2022.07.010

9. Payne, P., Levine, P. A., & Crane-Godreau, M. A. (2015). Somatic experiencing: Using interoception and proprioception as core elements of trauma therapy. *Frontiers in Psychology*, *6* https://www.frontiersin.org/journals/ psychology/articles/10.3389/fpsyg.2015.00093

10. Balban, M. Y., Neri, E., Kogon, M. M., Weed, L., Nouriani, B., Jo, B., Holl, G., Zeitzer, J. M., Spiegel, D., & Huberman, A. D. (2023). Brief structured respiration practices enhance mood and reduce physiological arousal. *Cell Reports Medicine*, *4*(1), 100895. https://doi.org/10.1016/j.xcrm.2022.100895

11. Stress-Proof: The Scientific Solution to Protect Your Brain and Body – and be More Resilient Every

Day – Mithu Storoni

12. Cunha, C., Brambilla, R., & Thomas, K. (2010). A simple role for BDNF in learning and memory? *Frontiers in Molecular Neuroscience*, 3. https://www.frontiersin.org/articles/10.3389/neuro.02.001.2010

13. Szabadi, E. (2018). Functional Organization of the Sympathetic Pathways Controlling the Pupil: Light-Inhibited and Light-Stimulated Pathways. *Frontiers in Neurology*, 9, 1069. https://doi.org/10.3389/fneur.2018.01069

14. Alipour, A., Arefnasab, Z., & Babamahmoodi, A. (2011). Emotional Intelligence and Prefrontal Cortex: A Comparative Study Based on Wisconsin Card Sorting Test (WCST). *Iranian Journal of Psychiatry and Behavioral Sciences*, 5(2), 114–119.

15. Satpute, A. B., & Lindquist, K. A. (2021). At the Neural Intersection Between Language and Emotion. *Affective Science*, 2(2), 207–220. https://doi.org/10.1007/s42761-021-00032-2

16. Lieberman, M. D., Eisenberger, N. I., Crockett, M. J., Tom, S. M., Pfeifer, J. H., & Way, B. M. (2007). Putting feelings into words: Affect labeling disrupts amygdala activity in response to affective stimuli. *Psychological Science*, 18(5), 421–428. https://doi.org/10.1111/j.1467-9280.2007.01916.x

17. Unwinding Anxiety: New Science Shows How to Break the Cycles of Worry and Fear to Heal Your Mind – Judson Brewer

18. de Voogd, L. D., Kanen, J. W., Neville, D. A., Roelofs, K., Fernández, G., & Hermans, E. J. (2018). Eye-Movement Intervention Enhances Extinction via Amygdala Deactivation. *The Journal of Neuroscience: The Official Journal of the Society for Neuroscience*, 38(40), 8694–8706. https://doi.org/10.1523/JNEUROSCI.0703-18.2018

19. Lederbogen, F., Kirsch, P., Haddad, L., Streit, F., Tost, H., Schuch, P., Wüst, S., Pruessner, J. C., Rietschel, M., Deuschle, M., & Meyer-Lindenberg, A. (2011). City living and urban upbringing affect neural social stress processing in humans. *Nature*, 474(7352), 498–501. https://doi.org/10.1038/nature10190

20. Sudimac, S., Sale, V., & Kühn, S. (2022). How nature nurtures: Amygdala activity decreases as the result of a one-hour walk in nature. *Molecular Psychiatry*, 27(11), 4446–4452. https://doi.org/10.1038/s41380-022-01720-6

21. Forys, W. J., & Tokuhama-Espinosa, T. (2022). The Athlete's Paradox: Adaptable Depression. *Sports*, 10(7), 105. https://doi.org/10.3390/sports10070105

22. Blain, B., Hollard, G., & Pessiglione, M. (2016). Neural mechanisms underlying the impact of daylong cognitive work on economic decisions. *Proceedings of the National Academy of Sciences*, 113(25), 6967–6972. https://doi.org/10.1073/pnas.1520527113

23. Albulescu, P., Macsinga, I., Rusu, A., Sulea, C., Bodnaru, A., & Tulbure, B. T. (2022). 'Give me a break!' A systematic review and meta-analysis on the efficacy of micro-breaks for increasing well-being and performance. *PLOS ONE*, 17(8), e0272460. https://doi.org/10.1371/journal.pone.0272460

24. Wiens, S., Sand, A., Norberg, J., & Andersson, P. (2011). Emotional event-related potentials are reduced if negative pictures presented at fixation are unattended. *Neuroscience Letters*, 495(3), 178–182. https://doi.org/10.1016/j.neulet.2011.03.042

25. Kensinger, E., & Schacter, D. (2006). Processing emotional pictures and words: Effects of valence and arousal. *Cognitive, Affective & Behavioral Neuroscience*, 6, 110–126. https://doi.org/10.3758/CABN.6.2.110

26. Shouval, H., Wang, S., & Wittenberg, G. (2010). Spike Timing Dependent Plasticity: A Consequence of More Fundamental Learning Rules. *Frontiers in Computational Neuroscience, 4.* https://www.frontiersin.org/articles/10.3389/ fncom.2010.00019

27. Moutsiana, C., Garrett, N., Clarke, R. C., Lotto, R. B., Blakemore, S.-J., & Sharot, T. (2013). Human development of the ability to learn from bad news. *Proceedings of the National Academy of Sciences, 110*(41), 16396–16401. https:// doi.org/10.1073/pnas.1305631110

28. Karlsson, N., Loewenstein, G., & Seppi, D. (2009). The ostrich effect: Selective attention to information. *Journal of Risk and Uncertainty, 38*(2), 95–115. https://doi.org/10.1007/s11166-009-9060-6

29. Sharot, T., Rollwage, M., Sunstein, C. R., & Fleming, S. M. (2023). Why and When Beliefs Change. *Perspectives on Psychological Science, 18*(1), 142–151. https://doi. org/10.1177/17456916221082967

30. Chou, T., Deckersbach, T., Dougherty, D. D., & Hooley, J. M. (2023). The default mode network and rumination in individuals at risk for depression. *Social Cognitive and Affective Neuroscience, 18*(1), nsad032. https://doi. org/10.1093/scan/nsad032

31. Garrison, K. A., Zeffiro, T. A., Scheinost, D., Constable, R. T., & Brewer, J. A. (2015). Meditation leads to reduced default mode network activity beyond an active task. *Cognitive, Affective & Behavioral Neuroscience, 15*(3), 712–720. https://doi. org/10.3758/s13415-015-0358-3

32. Sridharan, D., Levitin, D. J., & Menon, V. (2008). A critical role for the right fronto-insular cortex in switching between central-executive and default-mode networks. *Proceedings of the National Academy of Sciences of the United States of America, 105*(34), 12569. https://doi.org/10.1073/ pnas.0800005105

33. Pascual-Leone, A., Nguyet, D., Cohen, L. G., Brasil-Neto, J. P., Cammarota, A., & Hallett, M. (1995). Modulation of muscle responses evoked by transcranial magnetic stimulation during the acquisition of new fine motor skills. *Journal of Neurophysiology, 74*(3), 1037–1045. https://doi. org/10.1152/ jn.1995.74.3.1037

34. Crum, A. J., Corbin, W. R., Brownell, K. D., & Salovey, P. (2011). Mind over milkshakes: Mindsets, not just nutrients, determine ghrelin response. *Health Psychology: Official Journal of the Division of Health Psychology, American Psychological Association, 30*(4), 424–429; discussion 430-431. https://doi. org/10.1037/a0023467

35. Markmann, M., Lenz, M., Höffken, O., Steponavičiūtė, A., Brüne, M., Tegenthoff, M., Dinse, H. R., & Newen, A. (2023). Hypnotic suggestions cognitively penetrate tactile perception through top-down modulation of semantic contents. *Scientific Reports, 13*(1), 6578. https://doi.org/10.1038/ s41598-023-33108-z

36. Kleck, R., & Strenta, A. (1985). Gender and Responses to Disfigurement in Self and Others. *Journal of Social and Clinical Psychology, 3,* 257–267. https://doi.org/10.1521/ jscp.1985.3.3.257

37. Boothby, E. J., Cooney, G., Sandstrom, G. M., & Clark, M. S. (2018). The Liking Gap in Conversations: Do People Like Us More Than We Think? *Psychological Science, 29*(11), 1742–1756. https:// doi.org/10.1177/0956797618783714

38. Eisenberger, N. I., Lieberman, M. D., & Williams, K. D. (2003). Does rejection hurt? An FMRI study of social exclusion. *Science (New York, N.Y.), 302*(5643), 290–292. https://doi. org/10.1126/science.1089134

39. Sturgeon, J. A., & Zautra, A. J. (2016). Social pain and physical pain: Shared paths to resilience. *Pain Management, 6*(1), 63–74. https://doi.org/10.2217/pmt.15.56

40. De Ridder, D., Adhia, D., & Vanneste, S. (2021). The anatomy of pain and suffering in the brain

and its clinical implications. *Neuroscience & Biobehavioral Reviews*, *130*, 125–146. https:// doi. org/10.1016/j.neubiorev.2021.08.013

41. Verhallen, A. M., Renken, R. J., Marsman, J.-B. C., & ter Horst, G. J. (2021). Working Memory Alterations After a Romantic Relationship Breakup. *Frontiers in Behavioral Neuroscience*, *15*, 657264. https://doi.org/10.3389/fnbeh.2021.657264

42. Orr, C., & Hester, R. (2012). Error-related anterior cingulate cortex activity and the prediction of conscious error awareness. *Frontiers in Human Neuroscience*, *6*, 177. https:// doi.org/10.3389/ fnhum.2012.00177

43. Song, H., Zou, Z., Kou, J., Liu, Y., Yang, L., Zilverstand, A., d'Oleire Uquillas, F., & Zhang, X. (2015). Love-related changes in the brain: A resting-state functional magnetic resonance imaging study. *Frontiers in Human Neuroscience*, *9*, 71. https://doi.org/10.3389/fnhum.2015.00071

44. Grebe, N. M., Kristoffersen, A. A., Grøntvedt, T. V., Emery Thompson, M., Kennair, L. E. O., & Gangestad, S. W. (2017). Oxytocin and vulnerable romantic relationships. *Hormones and Behavior*, *90*, 64–74. https://doi.org/10.1016/j. yhbeh.2017.02.009

45. Weiskittle, R. E., & Gramling, S. E. (2018). The therapeutic effectiveness of using visual art modalities with the bereaved: A systematic review. *Psychology Research and Behavior Management*, *11*, 9–24. https://doi.org/10.2147/PRBM.S131993

46. Tseng, J., & Poppenk, J. (2020). Brain meta-state transitions demarcate thoughts across task contexts exposing the mental noise of trait neuroticism. *Nature Communications*, *11*, 3480. https://doi. org/10.1038/s41467-020-17255-9

47. Primack, B. A., Shensa, A., Sidani, J. E., Whaite, E. O., Lin, L. yi, Rosen, D., Colditz, J. B., Radovic, A., & Miller, E. (2017). Social Media Use and Perceived Social Isolation Among Young Adults in the U.S. *American Journal of Preventive Medicine*, *53*(1), 1–8. https://doi.org/10.1016/ j.amepre.2017.01.010

48. Riehm, K. E., Feder, K. A., Tormohlen, K. N., Crum, R. M., Young, A. S., Green, K. M., Pacek, L. R., La Flair, L. N., & Mojtabai, R. (2019). Associations Between Time Spent Using Social Media and Internalizing and Externalizing Problems Among US Youth. *JAMA Psychiatry*, *76*(12), 1266–1273. https://doi.org/10.1001/jamapsychiatry.2019.2325

49. Lustenberger, C., Boyle, M. R., Foulser, A. A., Mellin, J. M., & Fröhlich, F. (2015). Functional role of frontal alpha oscillations in creativity. *Cortex*, *67*, 74–82. https://doi.org/10.1016/j. cortex.2015.03.012

50. Westbrook, A., Ghosh, A., van den Bosch, R., Määttä, J. I., Hofmans, L., & Cools, R. (2021). Striatal dopamine synthesis capacity reflects smartphone social activity. *iScience*, *24*(5), 102497. https://doi. org/10.1016/j.isci.2021.102497

51. Ruffino, C., Truong, C., Dupont, W., Bouguila, F., Michel, C., Lebon, F., & Papaxanthis, C. (2021). Acquisition and consolidation processes following motor imagery practice. *Scientific Reports*, *11*(1), 2295. https://doi.org/10.1038/ s41598-021-81994-y

52. Monany, D. R., Lebon, F., Dupont, W., & Papaxanthis, C. (2022). Mental practice modulates functional connectivity between the cerebellum and the primary motor cortex. *iScience*, *25*(6). https:// doi.org/10.1016/j.isci.2022.104397

53. Son, S. M., Yun, S. H., & Kwon, J. W. (2022). Motor Imagery Combined With Physical Training Improves Response Inhibition in the Stop Signal Task. *Frontiers in Psychology*, *13*. https://www.frontiersin.org/journals/psychology/ articles/10.3389/fpsyg.2022.905579

54. Iding, A. F. J., Kohli, S., Dunjic Manevski, S., Sayar, Z., Al Moosawi, M., & Armstrong, P. C. (2023). Coping with setbacks as early career professionals: Transforming negatives into positives. *Journal of Thrombosis and Haemostasis, 21*(7), 1689–1691. https://doi.org/10.1016/j.jtha.2023.04.019

55. Hariri, A. R., Brown, S. M., Williamson, D. E., Flory, J. D., de Wit, H., & Manuck, S. B. (2006). Preference for Immediate over Delayed Rewards Is Associated with Magnitude of Ventral Striatal Activity. *The Journal of Neuroscience, 26*(51), 13213–13217. https://doi.org/10.1523/JNEURO-SCI.3446-06.2006

56. Kox, M., van Eijk, L. T., Zwaag, J., van den Wildenberg, J., Sweep, F. C. G. J., van der Hoeven, J. G., & Pickkers, P. (2014). Voluntary activation of the sympathetic nervous system and attenuation of the innate immune response in humans. *Proceedings of the National Academy of Sciences, 111*(20), 7379–7384. https://doi.org/10.1073/pnas.1322174111

57. Flores-Kanter, P. E., Moretti, L., & Medrano, L. A. (2021). A narrative review of emotion regulation process in stress and recovery phases. *Heliyon, 7*(6), e07218. https://doi. org/10.1016/j.heliyon.2021. e07218

58. Hoge, E. A., Bui, E., Palitz, S. A., Schwarz, N. R., Owens, M. E., Johnston, J. M., Pollack, M. H., & Simon, N. M. (2018). The effect of mindfulness meditation training on biological acute stress responses in generalized anxiety disorder. *Psychiatry Research, 262*, 328–332. https://doi.org/10.1016/j. psychres.2017.01.006

59. Ryan, M., & Ryznar, R. (2022). The Molecular Basis of Resilience: A Narrative Review. *Frontiers in Psychiatry, 13*. https://www.frontiersin.org/journals/psychiatry/ articles/10.3389/ fpsyt.2022.856998

60. Danvers, A. F., Efinger, L. D., Mehl, M. R., Helm, P. J., Raison, C. L., Polsinelli, A. J., Moseley, S. A., & Sbarra, D. A. (2023). Loneliness and time alone in everyday life: A descriptive- exploratory study of subjective and objective social isolation. *Journal of Research in Personality, 107*, 104426. https://doi. org/10.1016/j.jrp.2023.104426

61. Mueller, C. M., & Dweck, C. S. (1998). Praise for intelligence can undermine children's motivation and performance. *Journal of Personality and Social Psychology, 75*(1), 33–52. https://doi. org/10.1037/0022-3514.75.1.33

62. Mangels, J. A., Butterfield, B., Lamb, J., Good, C., & Dweck, C. S. (2006). Why do beliefs about intelligence influence learning success? A social cognitive neuroscience model. *Social Cognitive and Affective Neuroscience, 1*(2), 75–86. https://doi.org/10.1093/scan/nsl013

63. Ehrlinger, J., Mitchum, A. L., & Dweck, C. S. (2016). Understanding overconfidence: Theories of intelligence, preferential attention, and distorted self-assessment. *Journal of Experimental Social Psychology, 63*, 94–100. https://doi. org/10.1016/j.jesp.2015.11.001

64. Gál, É., Tóth-Király, I., & Orosz, G. (2022). Fixed Intelligence Mindset, Self-Esteem, and Failure-Related Negative Emotions: A Cross-Cultural Mediation Model. *Frontiers in Psychology, 13*, 852638. https://doi.org/10.3389/ fpsyg.2022.852638

65. Chen, L., Chang, H., Rudoler, J., Arnardottir, E., Zhang, Y., de los Angeles, C., & Menon, V. (2022). Cognitive training enhances growth mindset in children through plasticity of cortico-striatal circuits. *Npj Science of Learning, 7*(1), 1–10. https://doi.org/10.1038/s41539-022-00146-7

66. Koblinsky, N. D., Meusel, L.-A. C., Greenwood, C. E., & Anderson, N. D. (2021). Household physical activity is positively associated with gray matter volume in older adults. *BMC Geriatrics, 21*(1), 104. https://doi.org/10.1186/ s12877-021-02054-8

67. Won, E., & Kim, Y.-K. (2020). Neuroinflammation-Associated Alterations of the Brain as Potential Neural Biomarkers in Anxiety Disorders. *International Journal of Molecular Sciences, 21*(18), 6546. https://doi.org/10.3390/ijms21186546

68. Dantzer, R. (2017). Role of the kynurenine metabolism pathway in inflammation-induced depression – Preclinical approaches. *Current Topics in Behavioral Neurosciences, 31*, 117–138. https://doi.org/10.1007/7854_2016_6

69. Mucher, P., Batmyagmar, D., Perkmann, T., Repl, M., Radakovics, A., Ponocny-Seliger, E., Lukas, I., Fritzer-Szekeres, M., Lehrner, J., Knogler, T., Tscholakoff, D., Fondi, M., Wagner, O. F., Winker, R., & Haslacher, H. (2021). Basal myokine levels are associated with quality of life and depressed mood in older adults. *Psychophysiology, 58*(5), e13799. https://doi. org/10.1111/psyp.13799

70. Lee, J. H., & Jun, H.-S. (2019). Role of Myokines in Regulating Skeletal Muscle Mass and Function. *Frontiers in Physiology, 10*. https://www.frontiersin.org/articles/10.3389/fphys.2019.00042

71. Lee, B., Shin, M., Park, Y., Won, S.-Y., & Cho, K. S. (2021). Physical Exercise-Induced Myokines in Neurodegenerative Diseases. *International Journal of Molecular Sciences, 22*(11), 5795. https://doi. org/10.3390/ijms22115795

72. Yang, T., Nie, Z., Shu, H., Kuang, Y., Chen, X., Cheng, J., Yu, S., & Liu, H. (2020). The Role of BDNF on Neural Plasticity in Depression. *Frontiers in Cellular Neuroscience, 14*. https:// www. frontiersin.org/article/10.3389/fncel.2020.00082

73. Porter, G. A., & O'Connor, J. C. (2022). Brain-derived neurotrophic factor and inflammation in depression: Pathogenic partners in crime? *World Journal of Psychiatry, 12*(1), 77–97. https://doi. org/10.5498/wjp.v12.i1.77

74. Arosio, B., Guerini, F. R., Voshaar, R. C. O., & Aprahamian, I. (2021). Blood Brain-Derived Neurotrophic Factor (BDNF) and Major Depression: Do We Have a Translational Perspective? *Frontiers in Behavioral Neuroscience, 15*. https://www. frontiersin.org/articles/10.3389/fnbeh.2021.626906

75. Severinsen, M. C. K., & Pedersen, B. K. (2020). Muscle – Organ Crosstalk: The Emerging Roles of Myokines. *Endocrine Reviews, 41*(4), 594–609. https://doi.org/10.1210/endrev/bnaa016

76. Cassilhas, R. C., Antunes, H. K. M., Tufik, S., & de Mello, M. T. (2010). Mood, anxiety, and serum IGF-1 in elderly men given 24 weeks of high resistance exercise. *Perceptual and Motor Skills, 110*(1), 265–276. https://doi.org/10.2466/PMS.110.1.265-276

77. Maglio, L. E., Noriega-Prieto, J. A., Maroto, I. B., Martin- Cortecero, J., Muñoz-Callejas, A., Callejo-Móstoles, M., & Fernández de Sevilla, D. (2021). IGF-1 facilitates extinction of conditioned fear. *eLife, 10*, e67267. https://doi.org/10.7554/ eLife.67267

78. De Voogd, L. D., & Phelps, E. A. (2020). A cognitively demanding working-memory intervention enhances extinction. *Scientific Reports, 10*(1), 7020. https://doi. org/10.1038/s41598-020-63811-0

79. Sujkowski, A. L., Hong, L., Wessells, R. J., & Todi, S. V. (2022). The Protective Role of Exercise Against Age-Related Neurodegeneration. *Ageing Research Reviews, 74*, 101543. https://doi. org/10.1016/j.arr.2021.101543

80. The Neuro Experience Podcast with Louisa Nicola

81. Hutchison, I. C., & Rathore, S. (2015). The role of REM sleep theta activity in emotional memory. *Frontiers in Psychology, 6*. https://www.frontiersin.org/journals/psychology/articles/10.3389/fpsyg.2015.01439

82. Wittert, G. (2014). The relationship between sleep disorders and testosterone in men. *Asian Journal of Andrology, 16*(2), 262–265. https://doi.org/10.4103/1008-682X.122586

83. Möller-Levet, C. S., Archer, S. N., Bucca, G., Laing, E. E., Slak, A., Kabiljo, R., Lo, J. C. Y., Santhi, N., von Schantz, M., Smith, C. P., & Dijk, D.-J. (2013). Effects of insufficient sleep on circadian rhythmicity and expression amplitude of the human blood transcriptome. *Proceedings of the National Academy of Sciences, 110*(12), E1132–E1141. https://doi.org/10.1073/ pnas.1217154110

84. Suri, R. (2002). TD Models of reward predictive responses in dopamine neurons. *Neural Networks : The Official Journal of the International Neural Network Society, 15*, 523–533. https://doi. org/10.1016/S0893-6080(02)00046-1

85. Schultz, W. (2016). Dopamine reward prediction error coding. *Dialogues in Clinical Neuroscience, 18*, 23–32. https://doi. org/10.31887/DCNS.2016.18.1/wschultz

86. Srámek, P., Simecková, M., Janský, L., Savlíková, J., & Vybíral, S. (2000). Human physiological responses to immersion into water of different temperatures. *European Journal of Applied Physiology, 81*(5), 436–442. https://doi.org/10.1007/ s004210050065

87. Ratan, Z. A., Parrish, A.-M., Alotaibi, M. S., & Hosseinzadeh, H. (2022). Prevalence of Smartphone Addiction and Its Association with Sociodemographic, Physical and Mental Well-Being: A Cross-Sectional Study among the Young Adults of Bangladesh. *International Journal of Environmental Research and Public Health, 19*(24), 16583. https://doi. org/10.3390/ijerph192416583

88. Creswell, J. D., Bursley, J. K., & Satpute, A. B. (2013). Neural reactivation links unconscious thought to decision-making performance. *Social Cognitive and Affective Neuroscience, 8*(8), 863–869. https://doi.org/10.1093/scan/nst004

圖片來源

Picture credits

p. 15: iStock.com/BulgakovaKristina

pp. 40 and 46: © 2015 Payne, Levine and Crane-Godreau

p. 44: iStock.com/ngupakarti

p. 56: Credit: 'Plutchik's Wheel of Emotions', by Machine Elf 1735, available at https://en.wikipedia.org/wiki/Robert_Plutchik#/media/File:Plutchik-wheel.svg

p. 79 Credit: © "versusthemachines" and "The Decision Lab". Available from https://thedecisionlab.com/biases/negativity-bias.

p. 96: Credit: 'Salience Network' by Nekovaroca, Fajnerova, Horacek and Spaniel, available under a Creative Commons Attribution License 3.0 at https://commons.wikimedia.org/wiki/File:Fnbeh-08-00171-g002.jpg

p. 144: Credit: 'Maslow's Hierarchy of Needs' by Androidmarsexpress, available under a Creative Commons Attribution License 4.0 at https://en.wikipedia.org/wiki/Maslow%27s_hierarchy_of_needs#/

p. 229: Credit: Adapted from 'The Role of the Aryl Hydrocarbon Receptor (AHR) in Immune and Inflammatory Diseases' by Neavin, Liu, Ray and Weinshilboum, available under a Creative Commons Attribution License 4.0 at https://www.researchgate.net/figure/Tryptophan-Metabolism-Pathway-Tryptophanis-metabolized-by-two-main-pathways-the_fig1_329373677

p. 255: Credit: 100 More Things Every Designer Needs to Know About People, Susan Weinschenk

p. 261: Credit: Joshua Spong, www. ModernMind Masters.com. Available at https://www.modern-mindmasters.com/how-to-increase-dopamine-naturally/

鳴謝
Acknowledgements

首先，我深深感謝我的未婚夫豪爾赫（Jorge），他對我堅定不移的信念和不斷的鼓勵讓我即使在自疑時也能繼續前進。感謝你在我的整個學術生涯和本書的寫作過程中守護我。你從一開始就在那裡。

我深深感謝無數科學家和研究人員，他們在神經科學和心理學方面的開創性工作闡明了人類思維的複雜運作。他們對知識有孜孜不倦的追求，不吝與世界分享他們的發現，凡此皆為本書奠定了框架。

我當然需要感謝我的經紀人阿比蓋爾·伯格斯特羅姆（Abigail Bergstrom），她是我所能要求的最厲害的傢伙。我非常感激能找到妳。在最初與妳通過電話之後，我取消了與其他經紀人的通話，因為我知道我只想與妳合作。感謝我的編輯卡洛琳娜·凱姆（Karolina Kaim），感謝她奮力把我爭取到她的照顧中。正如我在書中所說的，我倆是出書上的天作之合。為我們其他更多的相投處乾杯。

我要感謝我的指導教授克里斯托弗·金賽博士（Kristofer Kinsey）對本書的支持，特別是同一時期我又在進行我的碩士學位研究。我要感謝以下幾位同事兼朋友：蘇拉・溫德加森博士（Sula Windgassen）、納斯・法提赫（Nas Fatih）、馬修・沃森（Matthew Watson）、路易莎・尼古拉（Louisa Nicola）、蕾切爾・薩默斯（Rachelle Summers）、利亞丹・岡特（Liadan Gunter）、伊莎貝爾・泰勒（Isabel Taylor）和考特尼・克萊姆勒（Courtney Kremler）。感謝他們為我的作品提供科學洞見、支持和建設性批評。

　　我還要向我在英國「企鵝」的麥可・約瑟夫（Michael Joseph）團隊和我在美的 HarperOne 團隊表示感謝，他們的專業和奉獻精神讓本書得以順利出版。我還要感謝我的譯本經紀人亞歷山德拉・克里夫（Alexandra Cliff），她讓本書可以去到世界上更多的地區。

　　如果我沒有提家母希拉・范德默韋（Sheila Van Der Merwe），這就不能算是一篇「鳴謝」了。她孕育了一個傳奇人物，因為她本身就是一個傳奇人物。感謝妳在我們動盪的童年時期如此愛我。我們透過愛和人之間的連結來療癒……愛創造了我們。我還要感謝我的婆婆兼臨床心理學家金・卡馬喬（Kim Camacho），她極大地塑造了我做為科學家的品格，但更重要的是，她讓我在最絕望的時候有一個可以依靠的肩膀。生命中能擁有像妳這樣一個「第二母親」是何等有福！另外，謝謝妳生下了妳的兒子。感謝我的公公路易斯・卡馬喬（Luis Camacho）在寫作過程中讓豪爾赫、狗狗們和我住在他美麗的家中。但願我們能像家人一樣永遠生活在一起。抱歉，這種說法聽起來很可愛，但實際上我們最終需要

自己的空間。

　　感謝我的手足席爾薇・維諾拉（Silvy Vignola）和狄倫・維諾拉（Dylan Vignola），感謝你們的存在。愛將我們提升到屬於我們的位置，讓我們注定是家人。我愛你們。感謝以下這幾位我最好的朋友：露西亞・里帕（Lucia Rippa）、加布里埃拉・巴萊塔（Gabriella Baleta）、烏巴卡・奧涅克韋魯（Ubaka Onyekwelu）、卡羅琳・吉特雷斯（Caroline Guiterrez）、路易莎・拉塞爾－亨利（Louisa Russel-Henry）、香農・博塔（Shannon Botha）和喬・哈格里夫斯（Jo Hargreaves），感謝你們總是帶來氣氛和歡笑，讓我的生活充滿歡樂，也總是在我需要你們時接聽電話。

　　最後但並非最不重要的是，我要感謝我在這世上的兩個最愛（這麼說對不起其他人了）：我的兩隻狗狗科比和麥克斯。你們不懂得閱讀，但一會兒我就會過來給你們一個大大的攙抱親吻，讓你們知道我有多感激我們找到了彼此。

　　我衷心感謝每個為本書的誕生出過力的人——無論這力是大是小。如果我沒有提到你，可能是因為我忘記了。如果你覺得受到了侮辱，請打電話來告訴我。

Rewire－神經可塑性
用神經科學突破行爲模式迴圈，終結焦慮、恐慌和憂鬱，實現最佳的心理健康

REWIRE: BREAK THE CYCLE,
ALTER YOUR THOUGHTS AND
CREATE LASTING CHANGE
Copyright © 2024 by Nicole Vignola
This edition is published with
NICOLESNEUROSCIENCE LTD c/o RACHEL
MILLS LITERARY LTD through Andrew
Nurnberg Associates International Limited.
Complex Chinese translation copyright © 2024
by Rye Field Publications,
a division of Cite Publishing Ltd.
All rights reserved.

Rewire－神經可塑性：用神經科學突破
行為模式迴圈，終結焦慮、恐慌和憂鬱，
現最佳的心理健康／
妮可‧維諾拉（Nicole Vignola）著；梁永安譯.
－初版.－臺北市：麥田出版：
英屬蓋曼群島商家庭傳媒股份有限公司
城邦分公司發行，2024.06
　　面；　公分.
譯自：Rewire : break the cycle,
alter your thoughts and create lasting change
ISBN　978-626-310-665-9（平裝）
1.CST：生理心理學　2.CST：心理衛生
172.1　　　　　　　　　　113004698

封面設計　許晉維
印　　刷　漾格科技股份有限公司
初版一刷　2024年6月
初版五刷　2024年9月

定　　價　NT$420
All rights reserved.
版權所有‧翻印必究
I S B N　978-626-310-665-9
　　　　　9786263106635（EPUB）

Printed in Taiwan.
本書若有缺頁、破損、裝訂錯誤，
請寄回更換。

作　　者	妮可‧諾拉（Nicole Vignola）
譯　　者	梁永安
責任編輯	林如峰
國際版權	吳玲緯　楊　靜
行　　銷	闕志勳　吳宇軒　余一霞
業　　務	李再星　李振東　陳美燕
副總編輯	何維民
事業群總經理	謝至平
發 行 人	何飛鵬

出　　版

麥田出版
地址：115台北市南港區昆陽街16號4樓
電話：(02)2500-0888　傳真：(02)2500-1951
網站：http://www.ryefield.com.tw

發　　行

英屬蓋曼群島商家庭傳媒股份有限公司城邦分公司
地址：台北市南港區昆陽街16號8樓
網址：http://www.cite.com.tw
客服專線：(02)2500-7718；2500-7719
24小時傳真專線：(02)2500-1990；2500-1991
服務時間：週一至週五09:30-12:00; 13:30-17:00
劃撥帳號：19863813　戶名：書虫股份有限公司
讀者服務信箱：service@readingclub.com.tw

香港發行所

城邦（香港）出版集團有限公司
地址：香港九龍土瓜灣土瓜灣道86號
　　　順聯工業大廈6樓A室
電話：+852-2508-6231　傳真：+852-2578-9337
電郵：hkcite@biznetvigator.com

馬新發行所

城邦（馬新）出版集團【Cite(M) Sdn. Bhd.】
地址：41-3, Jalan Radin Anum, Bandar Baru
　　　Sri Petaling, 57000 Kuala Lumpur, Malaysia.
電話：+603-9056-3833　傳真：+603-9057-6622
電郵：services@cite.my